한들 트라움 시리즈 1

그리스도인 앙겔라 메르켈
Angela Merkel-Die Protestantin Christian

한들 트라움(Traum)시리즈
독일어 트라움(Traum)은 "꿈"(Dream)을 의미합니다.
한들 트라움시리즈는 기독교의 가치관을 가지고 인류 사회를 향한 소중한 꿈,
뜨거운 열정, 아낌 없는 헌신, 무한한 사랑을 품은 분들을 조명하고자 합니다.
모든 생명이 하나로 어우러지는 꿈을 향한 열정과 헌신의 여정 속에서
참된 삶의 희열과 행복을 느낄 수 있기를 희망합니다.

Volker Resing, Angela Merkel-Die Protestantin

© St. Benno-Verlag GmbH
ISBN 978-3-7462-2648-4

Korean Edition Copyright © 2010
Handl Publishing House
1012 Christian Building Korean
136-46 Yeonji-Dong Chongro-ku
Seoul, Korea
ISBN 978-89-8349-494-8

Printed in Korea

그리스도인 - 앙겔라 메르켈

지은이	폴커 레징
옮긴이	조용석
펴낸이	정덕주
펴낸곳	한들출판사
	서울시 종로구 대학로 19 기독교회관 1012호
	등록 제2-1470호 1992
발행일	2016년 7월 17일 초판 2쇄 발행
E-Mail	handl2006@hanmail.net
홈페이지	www.ehandl.com
전화	편집부 741-4069
	영업부 741-4070 FAX 741-4066

ISBN 978-89-8349-494-8 93230

* 잘못된 책은 바꾸어 드립니다.

한들 트리움 시리즈 1

그리스도인 앙겔라 메르켈
Angela Merkel-Die Protestantin

폴커 레징 / 조용석 옮김

한들출판사

목 차

일러두기 / 6
추 천 사 / 8
   로타 드메지에르(Lothar de Maizière)
   -베를린 장벽 붕괴 후 자유선거를 통하여 선출된 동독의 마지막 총리-

제1장 책을 시작하며	11
제2장 목회자 아버지와 유년시절에 대한 기억	18
-농장에서의 자연의 체험, 당근과 알프스 제비꽃에 대한 추억-	
제3장 동독에서 서독으로의 이주	37
-동독 사회주의 체제에 대한 저항 그리고 체리 위스키에 대한 추억-	
제4장 하나님과 정치-구약성경 소선지서에 대한 묵상	48
제5장 정의의 태양	59
제6장 생명의 보존에 대한 현실주의적 접근	66
제7장 평화를 만드는 사람들	88
제8장 창조세계의 보존	106
제9장 교회생활-기도와 찬양	117
제10장 기독민주당이 추구하는 숭고한 기독교적 가치에 대한 진지한 성찰	125
제11장 책을 정리하며 -겸손하면서도 신중한 정치 스타일-	144
미주	161
참고문헌	165
메르켈 연보	166
효과적 독서를 위한 짧은 줄거리 요약/ 발행인	171

일러두기

EKD(Evangelische Kirche in Deutschland): 독일 개신교회협의회
BEK(Bund der Evangelischen Kirchen in DDR): 동독 개신교회연맹
DA (Demokratischer Aufbruch): 민주개벽, 동독 민주화 운동단체

보수정당

CDU(Christlich Demokratische Union Deutschlands): 기독민주연합(기독민주당), 1947년 창당
Ost-CDU: 동독 기독민주당
CSU(Christliche-Soziale Union): 기독사회연합(기독사회당), 1945년 창당
FDP(Freie Demokratische Partei): 자유민주당, 1949년 창당

중도진보정당

SPD(Sozialdemokratische Partei Deutschlands): 사회민주당, 1869년 창당
Bündnis 90 / Die Grünen : 녹색당, 1993년 창당

좌파정당

PDS(Partei des Demokratischen Sozialismus): 민주사회주의당, 1990년 창당
동독 사회주의통일당을 계승
2005년 좌파정당(Die Linke)으로 개칭

동독 정당

SED(Sozialistische Einheitspartei Deutschlands): 동독 사회주의통일당, 1946년 창당
FDJ(Freie Deutsche Jugend): 자유청년동맹(동독 사회주의통일당 청년 조직)

총리 이름

콜 총리(Helmut Kohl, 1930-, 기독민주당 소속, 1982-1998년 재임).
슈뢰더 총리(Gerhard Schröder, 1944-, 사회민주당 소속, 1998-2005년 재임)
슈미트 총리(Helmut Schmidt, 1918-, 기독민주당 소속, 1974-1982년 재임)

신문 이름

프랑크푸어터 알게마인 차이퉁(Frankfurter Allgemeine Zeitung) (약어: 프랑크푸르트 신문)

추천사

메르켈 - 자신의 신념을 포기하기 않고, 힘차게 살아가는 여성 정치인
(Mit Zähigkeit und Energie)

로타 드메지에르(Lothar de Maizière)
(베를린 장벽 붕괴 후 선출된 동독의 마지막 총리)

동베를린 주재 서독 상주 대표부 초대 연락관이었던 귄터 가우스(Günter Gaus)는 동독 사회주의 체제를 "빈 공간이 존재하는 사회"(Nischengesellschaft), 즉 폐쇄적인 조직체계로 구성되어 있음에도 불구하고 내부에는 개인의 사상과 표현의 자유를 향유할 수 있는 사회적 공간이 존재하는 곳이라고 정의했습니다. 동독 사회주의 체제 내부에 존재했던 자유로운 사회적 공간 중 하나는 교회였습니다. 동독지역이 다른 지역보다 기독교 전통이 깊게 뿌리 내린 곳이었기 때문에, 동독 사회주의통일당(SED)은 교회를 강제적으로 파괴할 수 없었습니다.

이와 같은 당시 상황을 감안하여, 이 책은 동독 출신의 위대한 여성 정치인의 삶의 역정을 단순하게 기술하고 있지 않습니다. 독일이 통일된 지 약 20년이 된 지금까지도 낯설게 느껴지는 지난날 동독 그리스도인의 삶과 사회적 의식을 메르켈을 통하여 이해하고자 노력하고 있습니다.

동독 사회주의 체제는 독특한 매력이 존재하는 공간이었습니다: 지리적으로 고립되어 있었을 뿐만 아니라, 이질적인 사회적 구성원들이 삶을 영위한 곳이었기 때문입니다. 노동자, 농민, 소시민들이 혼합적으로 구성된 동독사회를 진보시키는 작업은 일종의 모험이었다고 할 수 있습니다. 또한 동독 사회주의 체제가 인간의 자유로운 삶의 공간을 위협하는 상황 속에서 교회 사역은 용감하게 수행되었습니

2005년 3월 드메지에르의 60회 생일 파티에 참석하여 축하하고 있다. 베를린 장벽이 붕괴된 후, 독일이 통일되기 전까지 동독의 마지막 총리를 역임했던 로타 드메지에르(Lothar de Maizière)는 1990년 메르켈을 동독 과도정부 대변인으로 임명했다.

다. 따라서 우커마르크(Uckermark) 출신 루터교회 목사의 딸인 메르켈의 삶의 기록은 당시 동독 시민의 삶과 사회적 의식을 파악할 수 있는 기회가 될 것입니다. 이 책을 통하여 자유로운 삶의 공간을 박탈했던 당시 사회적 현실과 개인적 자유가 약간이나마 보장되었던 교회 안에서 메르켈의 신앙생활, 그리고 농촌에서의 소박한 삶의 기쁨이 교차되었던 지난날의 소중한 기억을 되살릴 수 있을 것입니다.

사회주의 체제와 개인의 자유로운 삶의 권리가 첨예하게 대립되었던 상황 속에서, 남몰래 기독교 신앙을 간직했던 메르켈의 지난날을 정확하게 파악하는 작업은 매우 어려울 수 있습니다. 그러나 저자는 이 책을 통하여 독자의 감성에 호소하며 1950년대부터 1980년대까지 동독 그리스도인들의 신앙생활을 메르켈의 삶의 기록 속에서 재현함으로써, 독자의 충분한 공감을 유발시키고 있습니다. 또한 당시 역사적-정치적 배경 속에서 서술되고 있기 때문에 현장감을 생생하게 느낄 수 있을 것입니다.

1장
책을 시작하며

메르켈은 오스나브뤽(Osnabrück)에 위치한 한 가톨릭계 고등학교에서 개최된 2008년 가톨릭 성체주일 행사에 잠시 방문한 적이 있었다. 이곳에서 메르켈 총리는 수녀들과 대화를 나누며 간간이 사인을 해주면서 행사가 진행되는 것을 지켜보고 있었다. 시간이 다가오자 짧은 시간에 메시지를 전해야했기 때문에 연설문 없이 올라갔다. 그곳에 모인 청년들은 메르켈 총리를 반갑게 맞이했는데, 깃발과 현수막이 나부끼며 노래를 부르는 이들도 있었다. 기독민주당 소속 가톨릭 신자였던 그들은 앙겔라 메르켈 총리를 "앙기(Angie), 앙기(Angie)"라고 부르면서 친숙한 감정을 드러냈다. 이로 인하여 그날 축제 분위기는 최고조에 달했다.

그때 메르켈 총리는 마이크를 잡으며 분위기의 반전을 시도했다.

> 우리가 해결해야 할 사회문제들이 산적해 있습니다. 여러분은 어떠한 문제의 해결을 위하여 삶을 헌신하고 있습니까? 지구의 기후보존 혹은 인간의 권리를 보호하기 위하여 노력하고 있습니까? 어떠한 길이 올바른 것입니까? 저는 여러분이 혼돈의 상황 속에서도 어려운 정치적 결단을 하고 있는 줄 압니다. 그렇기 때문에 이 자리에 나온 것 아니겠습니까? 저도 여러분과 같다고 생각해 주시기 바랍니다.

국가를 대표하는 정치인이 인간적으로 솔직한 심정을 밝힌 것에 대해 청중들은 순간 깜짝 놀랐다. 잠시 정적이 흐른 후, 메르켈 총리는 용감하게 외쳤다.

> 우리는 한 분의 하나님, 그리고 우리의 삶을 인도하시는 예수 그리스도를 믿고 있습니다.

연설이 끝난 후, 함부르크 지역 추기경 티센(Werner Thissen)이 총리에게 정답게 인사하며 성가를 부르자 메르켈도 큰 소리로 추기경의 성가를 따라 불렀다. 그러자 참석했던 가톨릭 고위 성직자들과 주교들은 총리의 돌발행동에 매우 놀란 표정을 지었다. 평소에 메르켈 총리가 공식석상에서 자신의 개인적인 신앙고백을 자제하고 있다는 사실을 주목한다면, 이 날 사건은 매우 놀랄만한 일이었다.

메르켈은 총리가 되기 전부터 "상대방을 오싹하게 만드는 사람"으로 알려져 있었다. 그래서인지 메르켈이 개방적인 자세를 취할 때면 사람들은 매우 어색해 하였다. 이런 일들로 거물급 정치인들과는 달리 내향적, 혹은 폐쇄적인 정서를 가지고 있다는 언론의 평가를 받기도 했다. 더군다나 사적인 질문들, 예를 들면 개인적인 신앙고백은 공개되지 않았기 때문에 이런 평가도 가능했을 것이다.

그러나 이날 이후 많은 사람들은 메르켈 총리의 원래 모습에 궁금해하기 시작했다. 참고로 메르켈의 전임자인 슈뢰더 총리는 재임 기간 동안 한 번도 자신의 신앙고백을 직설적으로 표현한 적이 없었다. 반면에 기독민주당 콜 총리는 젊은이들에게 자신의 신앙고백을 서슴없이 표현하곤 했다.

정말 진심으로 묻고 싶다. 앙겔라 메르켈은 누구인가? 20년 동안 독일 사회는 메르켈의 정치적 행보를 목격했다. 자신의 이미지를 최대한 변화시키지 않고 유지하는 다른 정치인들과는 달리 메르켈은 다양한 정치적 이미지의 변화를 경험했다. "헬무트 콜 총리가 입양한 소녀"에서부터 "철의 여인", "회색 생쥐", "남성 정치인을 몰살시키는 기계", "실험 정신이 투철한 여성 총리", "기회주의적인 여성 정치인", "정치 권력의 물리학적 법칙을 연구하는 여성 과학자?" 등.

슈피겔(Spiegel)지의 라이네만(Jürgen Leinemann) 기자는 1990년 5월, 당시 대중적 인지도가 낮았던 동독 민주화 운동단체인 "민주개벽"(DA)의 대변인이었던 메르켈을 취재한 적이 있었다. 당시에 메르켈은 듣는 사람이 깊은 감동을 느낄 수 있을 만큼 매우 솔직하게 자신의 마음을 표현하는 사람이었다고 기억하고 있다. 그런데 그때 겸손했던 여성 정치인이 독일의 경제 위기 극복과 전 세계의 자본주의 경제체제의 개혁을 외치며, 권력의 최정상에 등극한 현실을 목격하게 된 것이다.

메르켈 총리는 언제나 자신이 국가라고 외칩니다. 그리고 시민들에게 자신을 믿고 독일의 미래를 개척하자고 권합니다.

2008년 프랑크푸르트 일요일판은 메르켈 총리를 이렇게 묘사하며, 새로운 정치적 거물이 탄생되었다고 대대적으로 보도했다. 이후 경제성장률이 상승할 때, 이를 예측하지 못하고 독일 경제의 위기를 경고하며, 경제개혁을 감행했던 메르켈은 대담하지 못한 소심한 정치인으로 낙인 찍혔다.

다른 일간지들도 메르켈 총리가 자유시장 경제체제를 무시하고, 국가의 시장 개입을 강력하게 주장하며 관철시키는 정치인이라고 혹평하기도 했다. 뿐만 아니라 메르켈에 대한 극단적인 평가들…. 권력지향적인 냉혈 인간, 자신과 대립했던 거물급 남성 정치인들을 사회적으로 매장시킨 여성, 정치를 자연과학적 실험과정으로 이해하는 여성 정치인 등과 같은 부정적 평가가 정치권에 만연되어 있었다. 이런 것들이 메르켈의 삶의 진면목을 오해하게 한 것으로 보인다.

이와 같은 메르켈이 기독교인 여성 총리라고 불릴만한 자격이 있는가?

쾰른(Köln)지역 추기경 마이스너(Joachim Meisner)는 동베를린 브란덴부르크(Brandenburg) 출신인 메르켈의 낙태 정책, 동성애, 인간배아 줄기세포 연구를 강력하게 비판한다. 그리고 일간지 "빌트"(Bild)에 기고한 글을 통해 메르켈 총리는 이혼 경력이 있으며, 새로운 배우자와 교회에서 예식을 올리지 않은 채 동거하고 있는 것은 심각한 문제라고 언급했다.

물론 이 사실은 가톨릭 교인이 주류를 형성하고 있는 기독민주당 내부에서는 논란의 소지가 있다. 그리고 메르켈은 공식적인 장소에서 정치인으로서의 신앙고백을 표명하지 않는다고 비난받는 동시에 비원칙적인 여성 정치인, 실용주의자라는 악평이 난무하였다.

그렇지만 필자는 이런 편견보다는 메르켈 총리가 기독교 신앙에 근거하여 정치인으로서 어떤 삶을 살고 있는가에 대해 알고 싶다.

메르켈 총리의 이혼 경력과 재혼 문제가 세간의 가장 큰 이목을 집중시키는 사건이기 때문에, 우선 이 문제를 언급해야겠다.

메르켈은 기독민주당 의장이 되기 전부터 오랫동안 친구 관계로 지내던 자우어(Joachim Sauer)와 결혼했지만 교회에서 예식을 올리지는 않았다. 그래서 메르켈 총리가 마이스너 추기경을 방문하여 자신의 결혼 생활에 대한 이해를 구한 것은 참회의 행동이라기보다는 비난을 잠재우기 위한 외교적 차원의 조치였다고 생각된다. 메르켈은 첫 결혼 실패 이후 매우 신중해졌다고 추기경에게 말했다. 그래서 첫 결혼 예식을 교회에서 올린 것과는 달리 이번에는 교회에서 예식하지 않았다고 하였다.

여기서 많은 이들은 메르켈 총리가 교회와는 거리를 두고 살고 있다는 느낌을 받을 것이다. 확실히 총리는 공과 사를 구분하여 행동하기를 바라는 것 같다. 결혼은 자신의 개인적인 일이라고 생각하여, 교회에서 결혼 예식 올리는 것을 매우 거추장스러운 일로 생각했을 것이다. 그리고 주변의 곱지 않은 시선에도 메르켈은 현재 자신의 결혼 생활에 매우 만족하고 있다.

베를린 훔볼트대학 화학과 교수 자우어(Joachim Sauer)와 함께 서 있다. 오랫 동안 친구 관계로 지내다가 1998년 12월 30일에 결혼했다.

    2008년 1월 촉발된 인간배아 줄기세포연구에 대한 토론 이후 마이스너 추기경은 이 안건을 찬성한 메르켈 총리를 비판했다. 그의 눈에는 총리의 발언이 타락한 행위로 보일 수밖에 없었을 것이다. 그는 총리와 기독민주당 의원들이 성경 말씀으로 무장하여 정통적인 기독교적 입장을 지지해 줄 것을 기대했기 때문이다.

    메르켈 총리가 오스나브뤽에 모인 젊은이들에게 기독교 신앙의 언어를 구사하며 연설했지만, 그렇다고 해서 마이스너 추기경과 메르켈 총리가 동일한 입장을 가지고 있다고 평가될 수는 없다.

말이 아니라 행동을 어떻게 하고 있는지 질문해야 한다. 즉 메르켈이 기독교인 여성 총리로서 살아가고 있는가에 대한 의문은 총리직 수행을 통하여 기독교적 가치를 구현하고 있는가에 대해 질문할 때만 올바로 답변될 수 있는 것이다.

따라서 메르켈 총리는 정치 현장 속에서 스스로 기독교인이라는 사실을 드러내지는 않지만, 말없이 기독교의 숭고한 가치를 행동으로 구현하고 있다는 사실을 주목해야 한다. 정치적 영역에서 행동을 통해 드러나는 기독교 신앙의 모습은 메르켈 총리의 과거 삶의 행적으로부터 유래한다.

목사인 아버지를 통하여 독일의 전통적인 기독교 신앙 유산을 물려 받은 동독 출신 여성 물리학자 메르켈의 삶의 이력을 유심히 관찰한다면, "기독교인 여성 총리"라는 이름이 결코 어색하지 않다는 것을 발견하게 될 것이다.

2장
목회자 아버지와 유년시절에 대한 기억

농장에서의 자연의 체험,
당근과 알프스 제비꽃에 대한 추억

 또래 아이들과는 달리 메르켈은 식물의 뿌리가 어떻게 자라는지 일찍 배울 수 있었다. 메르켈의 유년시절 스승은 발트호프(Waldhof) 농장의 정원사 아저씨였다. 서독 함부르크에서 태어난 메르켈은 우커마르크(Uckermark) 지역도시 템플린(Templin)에서 성장했다. 발트호프는 엄청난 규모의 농장이었으며, 수많은 농작물들이 재배되던 곳이었는데, 메르켈은 이곳에서 유년 시절을 자연과 함께 보냈다. 그래서 자신의 개인적인 삶의 추억이 서려 있다고 고백한다.

 이곳에는 교회가 운영하는 정신지체아 복지시설이 있었다. 1960년대 발트호프는 동독의 사회주의 경제체제 안에서 유일하게 재배한 농작물이 개인의 소유가 될 수 있는 자본주의 시스템으로 운영되던 곳이었다.

앙겔라 도로테아 카스너(Angela Dorothea Kasner)는 결혼 이후 자신의 성을 메르켈(Merkel)로 변경했다. 메르켈은 1954년 7월 17일 함부르크에서 신학을 공부하던 카스너(Horst Kasner)의 장녀로 태어났다. 아버지는 1957년부터 템플린에 있는 목회자 교육기관이었던 설교 아카데미 원장으로 재직했기 때문에, 카스너의 집에서는 동독 사회에서 구할 수 없던 책들을 읽을 수 있었다. 그리고 아버지가 운영하던 설교 아카데미에는 동독뿐만 아니라 서독에서 활동하던 유명한 신학자들이 방문하곤 했다. 그래서 동독 국가안전부는 그를 위험 인

아비투어(Abitur), 대학입학 자격시험을 치르고, 1973년 7월 친구들과 야영을 즐기고 있다. 공동식사를 준비하고 있는 메르켈의 모습.

물로 지목하고 감시했다.

메르켈의 어린 시절을 언급한다면, 다음과 같은 세 가지 경험을 간과할 수 없다: 아버지의 엄격한 신앙교육이 이루어졌던 목사 사택, 정신지체아들과의 사귐, 자연 속에서 마음껏 뛰어 놀았던 경험. 이 모든 것은 동독 사회주의 체제 안에서 얻은 삶의 경험이었다.

1995년 당시 환경부장관이었던 메르켈은 함부르크에서 개최된 개신교회 교회의 날 행사에 참석하여 연설하다가 어렸을 때 자신의 삶에 큰 영향을 주었던 발트호프 농장 정원사 아저씨에 대하여 언급하였다.

> 어렸을 때 저의 스승은 정원사 아저씨입니다. 그분은 단순한 정원사가 아닙니다. 제가 굳게 신뢰했던 아저씨는 저를 항상 편안하게 대해 주시고, 저를 위해 바쁜 일정에도 항상 시간을 내어 주셨습니다. 반면에 저의 어머니는 매우 바쁘셨습니다. 저는 아저씨를 통해서 삶의 고된 현장을 깊이 체험했습니다. 예를 들어 저는 화분의 꽃을 옮겨 심을 줄도 알고, 알프스 제비꽃의 꽃잎이 언제 제일 아름다운지도 알고 있습니다. 또한 그분은 저에게 정신지체아들과 대화를 나누는 방법도 가르쳐 주셨습니다. 생각할수록 그때의 따뜻한 분위기가 그립습니다. 저는 흙이 묻은 당근을 먹으며, 게으름을 피우면서 놀 수 있었습니다. 어른들만 마시는 차도 조금씩 몰래 마셔 보았는데, 생각할수록 정말 흐뭇한 기억입니다.[1]

통일된 이후 독일의 수많은 사람들은 동독 출신 여성 정치인 메르켈에 대한 이야기를 익숙하게 들어왔지만, 함부르크에서의 연설은 매우 생소한 것이었다. 그래서 어떤 사람들은 매우 흥미롭다고 생각했다.

> 정원사 아저씨 덕분에 저는 자연을 사랑하는 사람으로 거듭났습니다. 오늘날까지도 저는 그 시절이 얼마나 제 인생에서 중요했는지를 느끼고 있습니다. 발트호프 농장을 떠난 후, 저는 그분을 아예 잊고 살았습니다. 그런데 최근에 아저씨가 꿈 속에 다시 자주 나타납니다.[2]

발트호프 정원사가 아버지인 카스너와 대립되는 이미지를 가지고 있지만, 그럼에도 메르켈의 두 번째 아버지라고 부르기에는 무리가 있다. 왜냐하면 목사이며 신학자였던 아버지는 엄격한 기독교인이며 프로이센 제국의 엄격한 신앙적 기풍이 몸에 밴 사람으로서, 메르켈의 삶의 모델이었기 때문이다.

오늘날 수많은 이들이 카스너를 통하여 메르켈의 현재 모습을 다시 바라본다. 메르켈은 아버지의 엄격한 신앙교육을 받으며 성숙한 기독교인으로 성장했으며, 카스너의 비판적인 사회의식이 큰 영향을 주었기 때문이다. 카스너는 동독 사회주의 체제에 대해 상대적으로 인정하면서도, 궁극적으로는 부정적인 입장을 취했다. 메르켈은 이런 아버지의 영향을 많이 받았다고 고백한다. 그러나 어렸을 때는 엄격한 또 다른 면, 즉 아버지의 능숙한 처세술을 어떻게 받아들여야 할지 정말 난감했다고 하였다.

> 아버지는 일과 휴식을 구분할 수 없을 정도로 열심히 사셨어요. 따라서 아버지는 가족과 함께 보내는 시간이 별로 없으셨어요. 아버

지는 부지런하게, 그리고 꼼꼼하게 일을 하시는 성격이에요. 제가 어렸을 때 항상 무슨 일이든지 꼼꼼하게 하라고 하셨는데, 정말 어려운 것이었어요. 아버지는 항상 주변 사람들에게 조금이라도 유익한 이야기를 전해 주고 싶어하셨지요.[3]

아버지는 저희에게 다른 사람들이 우리 행동에 공감하도록 지혜롭게 행동하라고 말씀하셨어요. 그래서 우리가 잘못 행동했을 때에는 평소와 다르게 몹시 화를 내셨지요. 이후에 아버지께서는 저희들에게만 엄격하게 하신 것이라고 슬그머니 고백하시더군요.[4]

메르켈에게 발트호프의 정원과 그곳에서 일했던 정원사 아저씨는 엄격한 아버지로부터 탈출할 수 있는 일종의 해방구였다. 메르켈은 러시아 수학 올림피아드 대회에서 1등으로 입상했기 때문에 우등생으로 인정받았지만, 아버지의 직업이 사회주의 체제에서는 공공의 적으로서 비난받는 목사였기 때문에 항상 이방인으로 살 수밖에 없었다.[5] 이 문제로 몹시 걱정하던 어머니는 학교 당국이 혹시 목사의 자녀이기 때문에, 괴롭히거나 학교를 다니지 못하게 할 수 있다고 생각하여, 쫓겨나지 않으려면 열심히 공부해야 한다고 언제나 자녀들에게 강조했다.[6] 그리고는 고심 끝에 어머니는 자녀들이 동독 체제에 적응할 수 있도록 발트호프 농장 외부에 있는 학교에 보냈다.

물론 메르켈이 성장하던 가정 환경, 즉 집안의 분위기가 이후 메르켈의 정치 인생의 중요한 밑거름이 되었다는 사실 또한 간과할 수 없다. 물론 그곳에서는 발트호프 농장처럼 자유롭게 자연을 만끽하며 흙 먼지가 묻어 있는 당근을 먹으면서 게으름을 피울 수 없었다. 그리고 부모님들은 발트호프 농장에서 만났던 정신지체인들과의 사귐을 별로 좋아하지 않았다. 오히려 학교 공부에 집중할 것을 원했을지도 모른다. 그러나 메르켈은 이들과의 만남을 통해 상호협동의 삶이 무엇인지를 알게 되었고, 삶의 보람과 기쁨을 느꼈다고 회고한다.

> 한 남자는 항상 석탄을 실어 나르면서, 우리 정원에서 열심히 도와 주었어요. 그는 매우 친절했지만, 군대의 장교처럼 무언가를 항상 명령하기를 원했죠. 사람들은 그를 보고 비웃었어요. 하지만 우리는 그 사람이 조롱당하지 않도록 조금이라도 보호해야만 했어요.[7]

이와 같이 유년시절 메르켈은 항상 통제된 삶의 탈출구를 찾아 다니면서 다양한 경험을 축적했던 것 같다. 결과적으로 메르켈은 발트호프 농장에서의 경험이 자신에게 두 가지 선물을 주었다고 생각한다. 첫째는 생명을 아끼는 따뜻한 마음으로 자연과 함께 삶을 살 수 있게 해주었으며, 둘째는 다양한 개성이 형성될 수 있도록 도와 주었다.

템플린 지역 목회자의 아들이었던 슈베어(Justus Schwer)는 메르켈과 처지가 비슷하여 자주 어울렸다. 슈베어의 아버지도 메르켈 아버지처럼 서독에서 동독으로 선교적 사명감을 가지고 이주했던 사람으로 동독의 체제 안에서는 이방인과 다름 없었다. 이런 슈베어에게도 발트호프 농장은 모험을 즐길 수 있는 어린이들의 천국이었다.[8]

또한 엄격한 신앙교육과 더불어 논리적 사유만이 사회주의 체제의 획일적인 이념교육의 해악으로부터 해방될 수 있는 유일한 방법이라고 생각했던 아버지의 교육방법이 당시 메르켈에게 큰 영향을 주었을 것이다. 집에서 식사를 하면서 아버지와 끊임없이 신학적, 정치적 문제에 대해 토론했으며, 어머니는 대립되는 입장을 중재했다고 한다.

메르켈은 또래들과는 달리 이 세상에는 얼마나 많은 비극적인 사건이 발생하는지를 어렸을 때부터 아버지와 대화를 통해 느꼈다고 고백한다. 동독사회에서는 바보짓을 하고 있다고 손가락질 받던 목회자 아버지를 통해서 배운 것이었다.

그리고 "물리학자 출신 정치인"이라는 호칭은 메르켈의 분석적 사유 스타일을 대변한다. 그렇지만 이 호칭은 메르켈의 냉철하고 논리적인 사고방식이 아버지의 신앙교육을 통해 형성되었다는 사실을 간과한다. 물론 메르켈이 신학을 공부한 적은 없다. 그러나 동독 체제에서 고유한 자유공간을 점유한 교회는 메르켈에게 비공식적인 신학교육의 장을 제공했다고 볼 수 있다. 서독에서 영어와 라틴어 교사로 일했던 어머니처럼 학교 선생님이 되는 꿈은 메르켈이 연루된 사건 때문에 불가능하게 되었다.

메르켈은 학생시절, 물리학을 좋아하지 않았다. 그러나 사회주의 체제 안에서 자연과학분야는 정신적 자유를 누릴 수 있는 틈새 공간이었기 때문에 아버지는 자연과학을 무기 삼아 동독사회에서 살아갈 것을 권하였다.

그러나 메르켈은 목사인 아버지 밑에서 성장한 자신이 논리적이며 이성적인 연구 방법을 습득할 수 있을지 매우 회의적이었다.[9] 그렇지만 동독의 체제에서 메르켈의 가정환경은 보기 드문 경우였으며, 교육적인 면에서 볼 때는 장점으로 작용한 것으로 보인다. 메르켈만의 고유한 세계를 만들어준 아버지의 교육방식은 획일적인 사회주의 이념으로부터 자신의 인격과 개성을 보호하는 방어막이 되었기 때문이다. 목회자 자녀였던 메르켈의 친구 또한 이렇게 회고했다.

학교에서 실시하는 획일적 이념교육을 통하여 우리는 사회 현실에 대하여 고정된 시각을 가질 수밖에 없었습니다. 그런데 목사님들은 우리에게 지속적으로 문제를 제기하며 논리적 사고 훈련을 시켰습니다.[10]

부아젱(Boysen)에 의하면, 동독에서 사역했던 목사들은 자신의 사택에서 서독 기독교인들보다 보수적인 신앙관으로 자녀들의 올바른 시민의식을 배양시켰다고 한다. 당시 사택은 국가의 이념적 통제 영역으로부터 독립된 공간으로, 이성적이며 논리적인 대화가 가능한 거의 유일한 곳이었다. 국제 수학 경시대회에 입상한 이들은 모두 목사 자녀들이었다는 사실이 이를 증명하고도 남는다.

동독의 마지막 총리인 드메지에르는 문제가 발생했을 때 메르켈은 항상 원인을 정확하게 분석할 수 있는 논리적 사고능력을 지니고 있었다고 평가했다. 뿐만 아니라 메르켈의 사고 스타일이 매우 프로테스탄트적이라고 칭찬했다. 즉 인간의 존엄성과 자유를 존중하면서도, 철저한 사회적 책임의식을 지니고 있는 사람이었다고 기억했다.[11]

이제부터는 메르켈의 아버지인 카스너에 대해 알아보자. 그는 1926년 베를린 판코프(Pankow) 지역에서 출생했으며, 하이델베르크와 함부르크 대학에서 신학을 공부했다. 공부하는 중에도 자신의 고향인 동독에서 목회하겠다는 꿈을 저버리지 않았다.[12] 따라서 그는 베를린 브란덴부르크 지역의 목회자가 부족하다는 소식을 들었을 때, 망설이지 않고 동독행을 택했다. 메르켈이 서독 함부르크에서 출생한 지 6주만에 발생한 일이었다. 메르켈은 어렸을 때는 이해하지

2장 목회자 아버지와 유년시절에 대한 기억   25

못했지만 지금은 아버지의 심정을 충분히 이해할 수 있다고 말한다. 또한 자신이 태어났을 때, 6주 동안이라도 함부르크에서 살 수 있었던 것에 대하여 하나님께 진심으로 감사드린다고 고백했다.

1954년 카스너의 첫 사역지는 브란덴부르크 프리그니츠(Prignitz)에 있는 루터교회였는데, 그곳에서 청년부 담당목사로 사역했다. 카스너가 동독으로 다시 돌아오던 시기는, 약 270만 명의 동독 사람들이 서독으로 물밀듯 탈출하던 상황이었다. 탈출 대열에는 동독의 신학자들도 합류했기 때문에 목회자의 숫자는 모자랄 수밖에 없었다. 당시의 심정을 카스너는 다음과 같이 피력했다.

> 하나님께서 저를 아프리카로 보내시고자 했자면, 아마 저는 그곳으로 자원하여 갔을 것입니다.

카스너는 동독에서 목회자로 활동하기 위해서는 반드시 사회주의자가 되어야 한다고 생각하지는 않았다. 그렇지만 그는 "사회주의 체제 안에서의 교회 정체성"이라는 주제로 반체제 신학자 및 목회자 그룹을 비판한 적이 있었다. 정치평론가 랑구트(Gerd Langguth)에 의하면, 이를 계기로 카스너는 동독의 체제를 긍정한 "붉은 사회주의자 카스너"라는 별명을 얻게 되었다고 한다.[13] 동독 체제의 획일적 이념을 강하게 비판했지만, 그럼에도 사회주의 사회 건설은 카스너의 신학적-정치적 이상이었다는 사실을 기억할 필요가 있다.

이때 카스너의 모험은 함부르크 루터교회 주교인 뵐버(Hans Otto Wölber)가 베를린 브란덴부르크 지역에서 목회할 것을 권하면서 시작된 것이다.

메르켈의 고향인 템플린은 작고 매우 아름다운 도시로 2차대전 때 연합군의 폭격으로 대부분이 파괴되었지만, 작은 시골마을의 정서를 간직하고 있는 도시였다. 상호간에 밀착된 정서적 유대감, 그리고 가족과 같은 이웃의 관계가 템플린의 분위기였다. 그러나 동독의 체제가 목사 가족인 이들과 어울리지 못하게 했기 때문에 1954년에 이주한 카스너의 가족은 이곳에서 이방인 취급을 받았다.

1957년 당시 동독 루터교회 주교였던 쇤헤어(Albrecht Schönherr)는 카스너에게 템플린 교외 지역 발트호프 농장에 있는 목회자 교육기관에서 사역할 것을 부탁했다. 이때 카스너는 베를린-브란덴부르크 지역 목회자 중에서 매우 지적인 능력이 탁월했으며 비판적 의식을 가진 목회자였기 때문에, 비밀경찰은 항상 그를 위험 인물로 지목했다. 그러나 이후 카스너는 사회주의 체제를 수용해야 하는 현실을 인정하고 동독 정부와 협력하게 된다. 이 때의 일을 메르켈 총리는 교회가 사회에서 소외되지 않기 위해 현실주의적인 입장을 선택했을 것이라고[14] 이해하고 있다.

1980년 발트호프 목회자 교육기관을 방문했던 한 목사는 카스너와의 논쟁을 소개하며, 그는 사회주의 체제 내에서 교회의 생존을 가상 중요히 생각했다고 보도했다. 물론 카스너의 어쩔 수 없었던 이중적 태도 또한 목격했다고 한다. 일례로 그는 발트호프 목회자 교육기관 내에서는 히틀러 독재에 저항하다가 사형당한 본회퍼(Bonhoeffer) 목사의 삶을 강조하면서 기독교인의 적극적 정치 참여를 주장했지만, 이곳을 나가면 카스너조차 침묵했기 때문이다.

이와 같은 카스너의 정치적 입장만을 주목한다면 오히려 중요한 그의 신학적 입장, 더 나아가 신앙적인 열정을 간과할 수 있다. 메르

아버지는 동독 사회주의 체제 안에 건재했던 동독 루터교회 목사였다. 그는 1926년에 출생했으며, 이후 하이델베르크와 함부르크 대학에서 신학을 공부했다.

켈의 친구들이 80세가 넘은 카스너를 만나기 위해 템플린을 방문한 적이 있었다. 그 때도 여전히 카스너는 열정적인 신앙인의 모습을 보여 주었다.

앞뜰에 작은 교회 건물을 짓고, 고요한 곳에서 기도하기 위해 방문하는 베를린 시민들을 받아들였다. 이곳에서 그들에게 하나님의 말씀을 통하여 위로하거나, 혹은 자녀들에게 세례를 베풀었다. 방문자들에 의하면 카스너는 이곳을 찾는 모든 이들에게 교리문답을 강의하면서 핵심적인 기독교 신앙의 진리를 전달하려고 노력했다고 한다. 마치 메르켈을 양육했던 그때의 열정을 보는 듯하다고 사람들은 이구동성으로 말한다.

메르켈은 발트호프 목회자 설교 아카데미를 수료한 수많은 이들을 베를린에서 만날 수 있었다. 그러나 1980년대의 메르켈은 매우 비정치적인 성향의 물리학자로서 자신을 드러내지 않았기 때문에 반체제 민주화운동에는 가담하지 않았다. 그러나 라이프치히 대학시절과는 달리 베를린에서 박사과정을 이수할 때에는 저명한 목사의 딸이라는 사실을 더 이상 숨길 수 없었다.

그러자 자신이 신학자 카스너의 딸이라는 사실을 숨기기 위해 첫 번째 결혼 실패 이후에도, 전 남편의 성인 메르켈(Merkel)을 계속 사용했다. 이 때부터 메르켈은 자신의 신앙을 공적인 영역에서 표출시키지 않고 살아가는 지혜를 습득했을 것이다.

메르켈은 자신의 성장과정에 대하여 다음과 같이 말했다.

> 저의 아버지가 목회자였기 때문에, 저는 자연스럽게 교회의 품에서 성장했습니다. 따라서 진지한 성찰 없이 자연스럽게 기독교인

이 되었다고 볼 수도 있겠습니다. 기독교인으로의 존재됨에 대한 깊은 성찰이 부족했습니다.[15] 그럼에도 불구하고 제가 성장했던 교회는 단순한 삶의 공간이 아니었습니다. 교회는 기독교 신앙이 저의 삶의 모든 것이 되도록 만들었습니다.[16]

한 기자가 메르켈이 먼저 이야기하지 않는 한, 사람들은 아버지가 목회자라는 사실을 모르는 것 같다고 질문하자 오히려 다음과 같이 반문했다.

목회자의 딸의 전형적인 모습은 어떤 것입니까? 엄밀하게 말하자면, 저는 전형적인 목회자 사택에서 성장했다고 말할 수는 없을 것입니다. 저의 아버지는 목회자 교육기관에서 사역하셨으며, 또한 설교 세미나를 인도하셨습니다. 따라서 전통적인 목회자의 삶을 살았다고 언급하기에는 상당한 무리가 있습니다. 저의 아버지에게서 전통적인 목회자 이미지를 느끼기는 힘듭니다. 아버지는 매우 이성적이고 냉철하신 분이셨습니다.[17]

저녁 6시가 되면 발트호프 농장에는 교회 종소리가 울리고, 카스너의 자녀들은 저녁식사를 하기 위해 함께 모여 감사의 기도를 드렸다. 메르켈은 한 인터뷰에서 당시 이와 같은 생활습관이 지겨울 때도 있었다고 회고했다. 당시 획일적인 사회주의 체제 내에서 느낄 수밖에 없는 심리적 압박감을 극복하기 위하여 부모들은 자녀들에게 경건한 기도의 시간을 필수적으로 요구하면서 확실하게 기도훈련을 시키고 싶었을 것이다

매주일 11시마다 템플린에 위치한 성 마리아-막달레나(St. Maria-Magdalenen) 교회 어린이 예배에 메르켈은 빠짐없이 참석했다. 메르켈의 동갑내기 친구인 슈베어에 의하면 "우리는 하나님의 말씀을 엄마의 젖처럼 항상 먹었습니다"라고 회고할 정도였다. 또한 그들은 교회학교 선생님의 지도 아래 열심히 성경공부를 했다. 그들이 공부했던 성경공부 교재는 당시 사회주의 체제의 획일적 이념교육을 극복할 수 있었던 최소한의 방어막이었을 것이다. 메르켈이 유년시절 견진예비교육을 받으면서 공부했던 공과책인 《신앙의 방패》(Schild des Glaubens) 서문에는 다음과 같은 글이 기록되어 있다.

> 유년시절 당신의 마음 속에 새겨진 하나님의 말씀은 영원히 사라지지 않을 것이며 당신의 영혼에 생명을 불어 넣어주는 능력이 될 것입니다. 따라서 당신이 지금 하나님의 말씀을 배우지 않는다면, 앞으로의 삶은 매우 공허함으로 가득차게 될 것입니다.

1950년대 말부터 동독 정부는 학교에서 실시하는 공식적인 신앙교육을 금지시켰기 때문에, 교회 공간에서 어린이 견진예비교육을 대체했다. 사회주의 체제에 저항하는 동독 교회의 투쟁이 절정에 달했던 이 시기는 교회 존립을 위협하는 위기의 상황으로 인식되있기 때문이다.

이때 많은 목사들이 반체제 운동 혐의로 체포되고, 상당수 기독교인들이 사회주의 이념에 근거하여 사상적으로 주입시킨 동독 사회주의통일당의 압박 때문에 교회를 비난하며 이탈하였다. 따라서 어린이 견진예비교육은 위기 상황을 타개하기 위한 엄격한 신앙교육의 일환으로 실시된 것이었다. "신앙을 견고하게 한다"는 의미를 지닌 견진예식은 유아세례 이후, 스스로 생각할 수 있는 능력이 생긴 청소년기에 실시되는 교회의 신앙 교육이다. 가톨릭 교회의 경우에는 성례전의 하나지만, 개신교회에서는 청소년 신앙교육의 일환으로 실시되고 있었다.

1960년대에 들어오면서부터는 동독 정부의 교회 탄압 강도가 약해졌음에도, 기본적으로 교회에 대한 적대감은 남아 있었다. 슈베어에 의하면, 이 때 학교 가기가 매우 무서웠다고 한다. 메르켈도 목사의 딸이었기 때문에 이방인 취급을 받았고, 친구들을 사귈 기회가 매우 적었다.

그러나 메르켈은 유년시절에 많은 주목을 받는 존재였을 것이다. 뛰어난 학업 성적, 독특한 분위기의 목사 사택, 발트호프 농장에서의 자연 체험, 엄격한 신앙교육, 서독의 옷을 입고 생활하는 메르켈의 모습을 상상할 수 있을 것이다.

여성잡지 "브리기테"(Brigitte)와의 인터뷰에서, 메르켈은 그때 느낀 자신의 감정을 다음과 같이 회고했다.

> 저는 매우 눈에 띄는 존재였습니다. 동독 사회주의 체제와는 전혀 어울리지 않는 목사의 딸이었니까요. 그래서 이방인 취급을 받았습니다. 그래서 더 이상 초라해지지 않으려고 우표수집에 열을 올린 적도 있었지요. 그런데 제가 서독에 갔을 때는 사람들의 주목을 받지 못하는 존재더군요.[18]

사람들은 자주 메르켈에게 질문한다. "교회를 노동자 계급의 적으로 간주했던 사회주의 체제 안에서 목사의 딸로 살아가면서 어떠한 고난을 경험했습니까?"

메르켈은 다음과 같이 대답하곤 한다.

> 여러분이 생각하는 것과 달리 그렇게 힘들다고 생각하지는 않습니다. 오히려 그 시절이 좋았습니다. 단지 친구들을 다양하게, 그리고 자유롭게 사귈 수 없었다는 사실이 큰 아쉬움으로 남습니다.[19]

1950년대 초반부터 우커마르크 지역교회는 어린이 견진예비교육을 실시했는데 많은 학생들이 참여했다. 1960년대에는 메르켈도 참여했는데, 한 학년의 절반 가량이 교회에서 하는 견진예비교육에 참석하였다. 메르켈은 이때 한 학년의 3분의 1 정도가 참석했다고 기억하고 있다.

당시 통계에 의하면, 1960년대에는 어린이 견진예비교육 참석자가 감소하는 추세였다. 전체 학생 중 약 30% 정도만이 참석했고, 1975년에는 참석율이 20%였다. 메르켈의 유년시절에는 동독지역 전체에서 실시된 견진예비교육에 많은 학생들이 불참한 것으로 보인다. 그렇지만 사회주의 체제에 대한 반감이 작용하여 당시 어린이 신앙교육의 강도는 매우 높았다.

그러나 메르켈이 거주했던 동베를린 지역에는 통일되기 전까지도 기독교인의 비율이 높은 것으로 집계되었다. 슈베어에 의하면, 자신의 학년 전체 학생 36명 중 22명이 교회의 신앙교육에 참여했다. 슈베어와 메르켈이 다녔던 괴테 슐레(Goetheschule)에서는 신앙교육을 받을 기회가 없었기 때문에, 교회가 신앙교육을 받기 위한 최선의

2장 목회자 아버지와 유년시절에 대한 기억 33

공간이었을 것이다. 동독의 사회주의 체제조차 독일의 민족성 깊이 뿌리내린 기독교 신앙을 뿌리뽑을 수는 없었기 때문에, 교회에서의 신앙교육이 가능했을 것이다.

메르켈의 유년시절에는 교회가 삶의 근거지였으며, 이곳에서 기독교인으로의 소양을 습득했다. 그렇지만 성장하면서 정치적이며 매우 논쟁적인 사안에 대한 자신의 거취를 결정해야만 했다. 교회에서 견진교육을 받을 것인가, 아니면 사회주의 체제에 충성을 서약하는 성년식에 참석할 것인가, 또는 교회 청년부에서 활동할 것인가, 아니면 자유청년동맹에 가입할 것인가? 만일 서약식 참석을 거부한다면 동독에서 청소년의 학교생활은 매우 불편을 경험할 수밖에 없다.

이 때의 사황을 메르켈은 다음과 같이 말했다.

> 제가 다니던 상급학교 같은 학년 28명 중에 13-14명이 사회주의 체제에 대한 충성을 맹세하는 서약식에 참석하지 않았습니다. 그들은 모든 교회에서 견진교육을 받았습니다. 제 학년 친구들 중 두 명만 동시에 두 행사에 참여했지만, 기독교인으로서의 견진교육을 더 중요하게 생각했던 학생들이 예상 외로 많이 존재했습니다.[20]

메르켈 또한 동독 사회주의 체제의 교회에 대한 적대감을 피부로 느꼈음에도 자신의 신앙을 보다 더 강하게 만들기 위해 견진교육을 받았다. 그러나 메르켈은 상급학교 진학을 위해 견진교육에 참석하면서 동시에 독일 사회주의통일당 청년조직인 자유청년동맹에 가입하기로 결정했다. 그러나 충성 서약식에는 참석하지 않았다. 견진교육을 마치고 견진예식에 참여할 때, 교회당 안에 울려 퍼진 성경 말씀을 메르켈은 아직도 생생하게 기억한다.

> 믿음, 소망, 사랑 가운데 사랑이 제일이라. 저는 모든 사람들이 서로 도와주며 사랑하며 살기를 원해요. 결코 누군가를 혐오하거나 악한 짓을 하지 말고, 선한 것을 추구하기를 간절히 바라구요. 이것이 저의 가장 중요한 삶의 원칙입니다.[21]

메르켈은 자유청년동맹 단원으로 활동했기 때문에, 상급학교 진학을 위한 졸업시험을 볼 자격을 얻었다. 그로 인해 부모들이 근심했던 일들이 상당 부분 해결되었다. 그들은 메르켈이 충분한 학습 능력을 지니고 있었음에도 아버지 때문에 불이익을 받지는 않을까 걱정했기 때문이다. 그래서 동독지역 목사들과는 달리 메르켈에게 자유청년동맹(FDJ)에서 활동할 수 있도록 허락했던 것이다. 심지어 교회 안에서 논쟁의 소지를 안고 있던 사안이었지만, 메르켈의 남동생 마르쿠스(Marcus)에게는 공산주의 체제에 충성을 서약하는 성년식에 참석하도록 허락했다.

이를 통하여 메르켈은 자신의 신앙고백을 공식석상에서 표현하지 않고, 내면화시키는 방법을 체득하게 된 것이다. 이때부터 기독교인의 신앙고백과 삶에 대하여 진지하게 생각하게 되었다고 한다.[22] 이를 통하여 깊이 내면화되고 체화된 기독교 신앙이 메르켈의 삶을 인도하는 나침반 역할을 수행하게 된 것이다.

오늘날까지 템플린 사람들은 메르켈을 중요한 본보기로 제시하며, 사회주의 체제가 교회를 탄압했음에도 그 안에서 메르켈같은 훌륭한 사람을 배출했다는 자부심을 느낀다. 한 목사의 딸이 유년시절 난관을 헤치고 상급학교에 진학하여 졸업시험을 무사히 마치고, 역경을 성공적으로 극복하여 마침내 최초 여성 총리가 된 사실을 두 눈으로 목격했기 때문이다.

결코 메르켈은 사회주의 체제를 위해 충성하겠다는 성년식을 치르지 않았다. 메르켈의 이런 완강한 의지는 담임 선생님이었던 한스-울리히 비스코프(Hans-Ulrich Beeskow)를 힘들게 했다.[23] 비스코프는 현재 템플린 의회 기독민주당 소속 의원이지만, 과거에는 열혈 사회주의통일당원이었다. 비스코프는 메르켈이 다니던 괴테 슐레(Goetheschule)에서 수학 영재교육을 위해 설립한 "청년 수학자 클럽"에서 메르켈을 지도했는데, 그때 메르켈은 매우 탁월한 수학 영재였다고 회고했다.

메르켈과 함께 템플린의 기억을 간직한 비스코프는 현재 발트호프 시내에 거주하고 있다. 그는 지난날 자신이 동독 체제를 위해 헌신했던 어두운 흔적을 지우려고 열심히 교회에 출석하고 있으며, 동독 사회의 어두운 그늘을 진실 그대로 전달하려고 노력하고 있다. 이곳 주민들은 카스너의 가족과 발트호프 정신지체아 복지시설 원장과 더불어 비스코프에 대해 좋은 인상을 가지고 있다.

1989년 초 동독사회의 붕괴 조짐이 보일 때, 비스코프 부부는 위기를 감지했다. 이때 그들은 이 혼란한 시기야말로 동독 사회주의통일당이 부여한 이념 교육 임무를 중단할 절호의 기회라고 생각했지만 주춤하는 바람에 시기를 놓쳤는데, 이들이 사상 전향을 하기 전에 동독 사회주의 체제가 스스로 붕괴했기 때문이다.

3장
동독에서 서독으로의 이주

෬෨෨෨෬෧

동독 사회주의 체제에 대한 저항 그리고
체리 위스키에 대한 추억

크리스티안 모르겐스턴(Christian Morgenstern)의 시 "강아지의 삶"(Mopsenleben)은 왠지 메르켈의 학창 시절을 연상시킨다. 그는 투철한 실험주의 작가 정신으로 현대사회 속에서 살아가는 인간의 고뇌를 회화적으로 묘사한 시대를 앞서 나간 시인이었다.

벽 모시리에 강아지들이 거리를 쳐다보며
화려한 세상을
즐기기 위하여 쪼그리고 앉아 있다.
오 인간이여, 당신을 누가 감시한다.
그렇지 않다면,
당신은 그냥 이름없는 강아지일 뿐이다.

이 문장에서 우리는 정치적인 의미를 파악할 수 없다. 모르겐스턴은 메르켈이 동독에서 학교를 다닐 때, 일으켰던 소동에 대해 언급하려고 한 것이다. 이것은 메르켈이 의도적으로 사회주의 체제에 저항하기 위해 계획한 것은 아니었지만, 졸업시험을 앞두고 발생하였다. 메르켈의 급우들은 카스너의 제안에 따라 교양 수업을 거부하고, 자신들이 준비한 문화공연을 보여주려고 했다. 공연의 주제는 노동자 계급의 국제적 연대를 강조하기 위한 것이었다. 그러나 노동자 계급의 입장에서는 타파 대상이었던 영어로 연극을 진행했기 때문에 학교 당국의 의심을 받았다.

문화공연은 모잠비크 공산주의 민족해방 운동조직인 프레리모(Frelimo)와 베트남의 민족해방 운동을 지원하기 위한 성금기탁으로 막을 내렸다. 그러나 이 문화공연은 사회주의 체제를 암시적으로 풍자하여 비판했다는 느낌을 주기에 충분했다. 따라서 학교 당국은 이 사건의 주모자로 메르켈을 지목했다. 메르켈의 아버지는 사회주의 이념에 기본적으로는 동의했지만, 체제 비판적인 성향을 가지고 있었기 때문이다. 이후 메르켈은 체포되었고, 학업 기회를 박탈당할 상황에 직면했다. 카스너는 이 문제를 해결하기 위하여 동독 개신교회연맹(BEK) 고위직과 접촉하여 대안을 찾으려고 노력했다. 우선 동독 루터교회 쉔헤어 주교를 만나 이 문제를 상의했으며, 그의 도움으로 이 안건은 탄원서와 함께 독일 사회주의통일당 최고위원회에 상정되었다.[24]

메르켈은 자신에게 닥친 상황을 담담하게 받아들이면서도, 동시에 당시 상황을 인정할 수 없다는 생각이 머릿속에 가득했다. 아버지의 지혜로운 대응으로 위기를 모면한 후 독일 사회주의통일당 청년조직인 자유청년동맹에서 친구들과 함께 활동하면서 즐거운 시간을 보내려고 노력했다.

메르켈은 동독 반체제 성향의 작곡가 비어만(Wolf Biermann)의 노래와 반체제 작가 쿤체(Raiser Kunze)의 책을 좋아했다. 서독으로 탈출한 메르켈의 친구가 지금의 행동을 그만 두는 것이 좋을 것이라고 권했지만 중단하지 않았다. 뿐만 아니라 라이프치히 대학에서는 기독교 신앙 동아리에 가입하여 활동했지만 과중되는 학업의 부담감 때문에 열심히 참여하지 못했다.

메르켈은 독일이 통일된 후, 사회주의 체제 속에서 인내하며 살아야 했던 자신의 과거와 부작용, 일종의 정신분열증적 증세를 솔직하게 털어 논적이 있었다.

> 오늘날 제 모습과 과거 저의 삶의 경험을 조화롭게 이해하는 것은 무척이나 괴로운 일입니다. 그곳에서 살아남기 위해서는 적당히 자신과 타협하는 자세가 필요했습니다.[25]

메르켈은 학기말에 자신에게 요구된 맑스-레닌주의에 대한 수업 보고서 대신 금서로 지정된 바로(Rudolf Bahro)의 책을 읽고 보고서를 쓰겠다고 담당교수와 논쟁했던 기억을 가지고 있다. 이와 같은 일화들은 동독사회에 거주하는 모든 사람들이 사회주의 이념 구현을 위해 자신의 삶을 헌신해야 하는 강압적 분위기 속에서, 이와는 전혀 무관하게 자유로운 세상을 꿈꾸면서 살아가고자 노력했던 메르켈의 과거를 짐작하게 한다.[26]

메르켈은 운동을 즐겨하는 편이 아니다. 그런데 1973년에 은 이 사진은 색다른 모습을 보여주고 있다. 친구들과 함께 소풍을 가서 그곳에서 배구를 하고 있다.

1973년 메르켈이 발트호프를 떠났을 때, 사회적으로 고립되지 않기 위하여 열심히 노력했기 때문에 더 이상 동독 사회의 이방인이 아니었다. 메르켈은 성경공부 모임에 참여하여 자신의 신앙심을 견고하게 했으며, 성가대원으로 봉사하면서 동시에 자유청년동맹 단원이기도 했다. 그리고 친구들과 함께 보트 여행을 즐겼으며, 매우 논리적인 대화도 즐겼다.

템플린에서는 친구들의 모임을 주도하는 성격이 아니었지만, 라이프치히 대학(동독 시절의 명칭은 칼 맑스 대학)에서는 직접 숙성시킨

체리 위스키를 친구들에게 대접하면서 소위 '마담'이라는 별명까지 얻었다. 친구들과 술자리를 즐기면서 부모로부터의 독립된 자신의 생활을 즐겼던 것이다. 그래서 이때를 인생에서 가장 행복했던 시절이라고 회상하고 있는 것 같다. 이곳에서 메르켈은 물리학 연구원으로 재직할 수 있는 기회를 얻었기 때문에 일과 공부를 병행하면서도 틈틈히 자유로운 사생활을 만끽했다. 그렇지만 최고의 우등생이 되기 위해 노력했다.

당시의 학업에 대해 메르켈은 다음과 같이 확신하고 있었다.

> 하나님께서는 우리가 생각할 수 있도록 머리를 주신 것입니다. 따라서 기독교인은 이성을 사용해야 합니다.

라이프치히 대학시절은 메르켈 인생에서 가장 자유로운 시기였을 것이다. 부모와 멀리 떨어져 있었기 때문에 아버지가 목회자라는 사실을 거의 잊고 살았다. 비밀경찰이 계속 감시하고 있었지만 별 관심이 없었다. 그래서 사회주의 체제 내에서 이념적으로 대립되는 두 집단, 기독교 신앙 동아리와 자유청년동맹 사이를 자유롭게 왕래하면서도 전혀 개의치 않았던 것이다. 이 시기 자유청년동맹 조직 내에서 메르켈의 직책은 문화공연을 기획하는 선전국원이었다고 한다. 메르켈은 자유청년동맹 조직을 동독 사회주의통일당 산하 청년 정치조직이라기보다, 더 많은 문화적 활동을 할 수 있는 기회의 공간으로 느꼈기 때문에 열심히 활동한 것으로 보인다.

> 저는 자유청년동맹 활동을 회피할 수 없었습니다. 물론 그 조직에

깊숙이 관여하게 될 위험성 또한 존재했습니다. 저는 제가 당시
무슨 일을 했는지 알고 있습니다.

메르켈은 러시아 수학여행에서, 자신보다 한 살 많은 물리학과 선배인 울리히 메르켈(Ulrich Merkel)과 친해지면서 연애관계로 발전하게 되었고, 1977년 23세에 템플린 교회에서 결혼 예식을 올리게 되었다. 그러나 동독 정부의 강제적인 거주 정책이 불화의 원인이 되어 4년 후에 메르켈은 이혼하게 되었다.

저와 울리히는 자연스럽게 사랑하는 사이가 되었습니다. 우리는
행복한 공동의 미래를 꿈꾸었습니다. 그러나 당시 동독사회에서
기혼자는 직장 근처에 위치한 사택에서만 살 수 있었습니다. 자유
롭게 살기를 원했던 저는 이 문제로 울리히와 갈등을 자주 일으켰
으며, 그래서 우리의 결혼생활은 단축되었던 같습니다.

1978년 메르켈의 석사논문은 최고 점수를 받았다. 이후 베를린에 위치한 연구소에서 박사 과정을 시작했고 1986년에 박사논문을 제출했다. 그동안 메르켈은 2주마다 수요일 저녁에 프란츠라우어 베르크 (Prenzlauer Berg)에 위치한 겟세마네 교회 모임에 참석했다. 이후 메르켈에게 이곳은 잊을 수 없는 곳이 되었다. 이 모임에는 직장 여성들이 다수를 차지했고,[27] 메르켈처럼 자녀가 없는 이혼 여성들도 있었는데 참석자들의 만족도는 매우 높았다고 한다. 수요모임에서는 주로 정치적, 사회적 문제가 주로 토론되었지만 이후 정치 조직으로 발전하지는 않았다.

베켈(Konrad Wekel) 목사가 수요모임을 인도했는데, 그는 12명에서 20명 정도의 참석자들에게 심리학, 개인적 문제 및 파트너십과 직장생활과 같은 주제로 토론을 인도해 나갔다. 그래서 이 모임은 신앙적 각성을 위한 모임이었다고 보기에는 힘들었다. 그러나 메르켈은 정치적인 문제에 적극적으로 개입하지 않았다. 오히려 활발하게 자신만의 고유한 생각을 펼칠 수 있는 공간을 찾고 있었는지도 모른다.

그러나 1980년대 말 메르켈은 교회를 중심으로 일어난 반체제 민주화 운동에 참여하기 시작했지만, 뚜렷한 정치적 의도를 가진 것은 아닌 것으로 보인다. 당시 동독교회의 주된 정치적 화두였던 반전평화운동을 적극적으로 지지하지 않았고,[28] 정치적 토론은 가능한 피하면서 주로 젊은 예술가와 순수한 마음을 지닌 청년들을 중심으로 접촉했다.[29] 메르켈은 이때를 단순히 변화하는 시대의 흐름에 동참해야겠다는 자발적 마음으로 결단한 것이라고 여러 차례 강조한다.

그러나 누군가 이런 메르켈의 모습을 유심히 관찰한다면, 충분히 의심할만한 행동이었기 때문에 연구소에서 함께 일하던 동료는 메르켈이 비밀경찰 스파이가 아닐까라는 생각을 한 적이 있었다고 말했다.

> 저는 자주 사마리아 교회 담임목사였던 에펠만(Reiner Eppelmann)이 인도한 평화기도회에 참석했어요. 하지만 단순하게 동독 체제가 변화되어야 한다는 입장을 가지고 참석한 것이지 그곳을 저의 정치 활동의 무대로 생각하지는 않았어요. 결코 반전평화운동, 예를 들어 '쟁기를 쳐서 보습으로' 라는 슬로건에 동의한 것은 아니예요. 그럼에도 불구하고 평화기도회에 참석한 이유는 사회주의 체제에 대한 단순한 거부감 때문이었죠.[30]

메르켈은 "11월의 혁명가"로 불리기도 한다. 베를린 장벽 붕괴 이전에는 반체제 시위에 동참하지 않았으며, 이후 정치계에 등장했기 때문이다. 아마 베를린 장벽이 붕괴되던 1989년 11월 9일에 단호하게 결심한 것으로 보인다.

> 어머니와 저는 우스갯소리로 베를린 장벽이 무너지면, 캠핀스키 아우스턴(Kempinski Austern) 호텔에 가서 맛있는 음식을 먹자고 이야기하곤 했어요. 그런데 그 날 갑자기 TV에서 동독 사회주의통일당 대변인 샤보프스키(Günther Schabowski)가 베를린 장벽 통행 자유화 방안을 발표를 했지 뭐예요. 그는 구체적인 시간을 언급하지 않았는데, 한 기자가 언제부터 베를린 장벽을 자유롭게 넘나들 수 있는지 질문했을 때, 실수로 바로 '오늘부터'라고 말했어요. 그 이야기를 듣자마자 수많은 동베를린 시민들이 집에서 나와 베를린 장벽을 무너뜨리고 서베를린 지역으로 몰려 갔죠. 그 때, 저는 어머니께 지금이 바로 아우스턴 호텔에 가서 맛 있는 음식을 주문해야 할 때라고 농담삼아 말했어요. 하지만 저는 설마 그런 일이 발생하리라고는 정말 생각하지 못했어요. 그래서 평소처럼 사우나에 갔죠.[31]

그 날 사우나에서 메르켈은 당시 상황이 심상치 않다고 생각하고 친구에게 저녁 9시에 만나서 서베를린으로 도망가자고 약속을 했다. 9시에 베를린 장벽으로 가보니 잘 알고 있는 에펠만(Reiner Eppelmann) 목사가 장벽 위에서 사람들에게 장벽을 허물고 서베를린으로 가자고 외치면서 실제로 장벽을 부수고 있었다. 그러나 어느 누구도

에펠만을 제지하지 않았다. 초병들은 밀려오는 군중들로 체념한 듯 통행로를 개방하였다. 메르켈은 이미 장벽을 넘어간 군중들이 서베를린 거리로 몰려 갔을 때 길을 나서기 시작했다. 물론 아우스턴 호텔에서 식사는 하지 않았다.

시간이 금방 흘러갔다. 1989년 11월과 12월에 베를린 장벽은 붕괴되었으며, 동독 사회주의통일당은 1990년 다가오는 새해를 두려움으로 맞이했다. 드디어 사회주의는 역사의 무대에서 사라지고 독일은 통일되었다. 메르켈은 이런 혼란한 시대 속에서 정치 무대에 자연스럽게 등장했다. 베를린 장벽 붕괴 이후 1년이 지난 다음에 드메지에르 과도정부에서 대변인으로 활동했다. 그리고 총선에 당선되면서 콜 총리 내각의 장관으로 입성했다. 결과만 본다면 운이 좋은 사람이라고 생각할 수도 있겠지만, 이것은 결코 쉬운 일이 아니었다.

1989년 11월과 12월에 메르켈은 베를린 과학 아카데미 소장인 울브리히트(Klaus Ulbricht)와 함께 베를린 장벽 붕괴 이후 동독 사회 재건을 위해 어느 정당에서 활동할 것인가를 고민한 끝에, 사회민주주의자 그룹에 합류했다. 그러나 서로 '동지'라고 호칭하는 분위기에 도저히 적응할 수 없었기 때문에 메르켈은 그곳을 떠났다. 이후 "민주개벽"(DA)이라는 민주화운동 단체에 가입했고, 이 단체를 통하여 정치 입문을 시도했다. 당시 민주개벽의 정치노선은 논쟁 중에 있었기 때문에 부담감이 크지 않았을 것이다. 민주개벽이 반체제운동을 실제적으로 전개했음에도 불구하고 당시에는 적극적인 정치적 행동을 취하지는 않았다.[32]

당시 "민주개벽"의 정치노선을 소개하면 다음과 같다. '민주개벽'은 동독 사회주의 체제 개혁을 통한 제3의 길, 자본주의와 사회주의 사이의 중도적 입장을 추구했다. 서독 중도 진보정당인 사회민주당을 지지할 것인지, 보수정당인 기독민주당과 합병할 것인지에 대해 격렬한 논쟁이 발발한 이후, 최종적으로 1990년 3월 18일에 시행된 선거에서 기독민주당을 지지하고 합병을 선언했다.

메르켈의 정당 선택 기준은 아직까지 정확하게 알려지지 않았지만, 현실적인 목표로서 동독의 자본주의화를 통한 동, 서독의 통일을 가장 중요하게 생각했던 것 같다. 따라서 평등의 가치를 최우선적으로 추구하는 사회민주주의자 그룹에서 탈퇴했다고 판단된다. 그래서 메르켈은 "민주개벽"의 정치적 입장을 지지한 것이다. 그럼에도 동독 기독민주당(Ost-CDU)에는 가입하지 않았다.

당시 민주개벽에는 대학교육을 받은 지성인들이 많이 있었지만 서독에서 제공받은 컴퓨터를 메르켈만 다룰 수 있었다. 그래서 민주개벽 1대 의장인 슈누어(Wolfgang Schnur)가 언론담당 홍보관으로 임명했기 때문에 이 후로 메르켈은 정치의 꿈을 본격적으로 펼치게 되었다.[33]

그러나 메르켈이 신중한 판단 없이 정치에 뛰어든 것은 아니다. 분명한 사실은 메르켈이 활동했던 "민주개벽"(DA)의 조직적 기반이 교회였다는 점이다. 즉 민주개벽은 교회 공간에서 동독 민주화운동을 주도하던 이들이 교회 밖으로 나와 만든 정치 조직이었다. 따라서 민주개벽 초대 의장인 슈누어도 동독 개신교회 연맹 지도위원으로 활동했기 때문에 메르켈 아버지의 존재를 알고 있었다. 그렇다고 해서 메르켈이 단순히 교회 인맥을 활용하여 민주개벽 지도부의 낙점으로 정치에 입문했다고 보는 것은 너무나 단순한 생각이다. 물론 메르켈의 출신과 아버지를 알고 있는 사람들이 주축을 이루고 있는 조직에서 활동한 것은 사실이다. 그러나 민주화 운동단체인 "민주개벽"이 지향하는 가치에 동의하지 않았다면 결코 가입하지 않았을 것이다.

그런데 1990년 선거를 치루기 전에 슈누어가 동독 국가안전부의 비밀요원이었다는 사실이 폭로되자, 메르켈은 동독 과도정부 대변인으로 파국을 막기 위해 최선을 다했다. 메르켈은 밀려오는 배신감과 실망감으로 한 순간도 견딜 수 없었다. 민주개벽과 동독 개신교회 내에서 왕성한 활동을 펼치며 신뢰를 한 몸에 받았던 인물이 국가안전부 비밀요원이었다는 사실이 엄청난 충격을 주었던 것이다.

동독 정부와 동독 교회의 밀월 관계를 이용했던 수많은 동독 정치인들, 즉 스톨페(Manfred Stolpe), 드메지에르(Lothar de Maizière), 카스너(Kasner) 등은 베를린 장벽이 붕괴된 후, 교회 지도자로서의 위치를 회복할 수 없을 정도로 도덕성을 의심받았다.

그 때부터 메르켈은 교회는 국가와 분리되어야 한다는 결심을 굳힌 것 같다. 즉 교회는 국가가 아니라 신앙을 위해 존재해야 한다고 생각했기 때문에 자신의 정치 행보를 신앙고백과 연계시키지 않으려고 지금까지 노력하고 있는 것이다.

4장
하나님과 정치−구약성경 소선지서에 대한 묵상

ᎭᎭᎭᏓᎭᎭ

 2005년 총리로 취임한 메르켈의 연설 비서관은 기독민주당의 전임 의장이었으며 총리였던 콜의 신년사를 생각하면서 "하나님께서 우리의 조국 독일을 축복하시길…"이라는 문장을 넣은 신년사를 준비했다. 그러나 메르켈 총리는 공식석상에서 신앙적 표현을 사용하는 것을 원치 않았기 때문에 이 문장의 삭제를 원했다. 물론 이런 태도 때문에 수많은 사람들이 과연 메르켈은 진실한 신앙생활을 하고 있는가에 대해 의심을 하고 있다. 그러나 이런 편견과는 달리 총리는 자신의 경건한 신앙심을 표현한 적은 이외로 많았다.
 신앙이 자신의 삶 속에서 얼마나 중요한 역할을 하는가에 대한 기자의 질문에 메르켈은 다음과 같이 답변했다.

그렇습니다. 신앙은 나와 타인들에 대한 관용적 시각과 사회에 대한 책임의식을 길러 줍니다. 제가 만일 무신론자였다면, 이와 같은 책임의식을 지닐 수 없었을 것입니다. 신앙은 언제나 제가 무겁게만 느끼는 삶의 부담감을 가볍게 만들어 줍니다.[34]

독일사회에서 교회와 정치는 깊은 관련성을 맺고 있다. 특히 생명의 존엄성을 지닌 인간배아 보존의 문제, 사회적 정의, 과학연구자의 윤리, 서민을 위한 정책은 기본적으로 고유한 신학적 정당성을 가지고 논쟁되는 주제들이다. 물론 그렇다고 해서 신앙고백이 전면에 등장하는 것은 아니다. 오히려 교회는 정치인들에게 경건성을 요구하는 것이 아니라 정책의 핵심적 내용이 기독교적 가치와 일치하는가를 질문하고 있다.

따라서 신앙고백의 내용은 정치적 입장을 결정하는 중요한 요소가 된다. 기독민주당 콜 총리는 이와 같은 독일사회의 종교적 정서를 효과적으로 활용했지만, 사회민주당 슈뢰더 총리는 이것을 기피했다. 그는 교회와의 협력 관계를 모색하면서도 교회를 자극하지 않으려고 노력했다고 보는 것이 더 나을 것이다. 이 부분에서는 메르켈 총리도 슈뢰더와 동일하게 처신하였다.

메르켈은 1990년대 정치 부대에 등장했을 때 교회와 정치가 서로 깊이 연루되어 있음을 알게 되었다. 그러나 메르켈은 동독사회에서 교회와 정치의 특별한 밀월 관계를 목격했기 때문에 그 상황에 쉽게 적응할 수 있었다. 당시 메르켈이 파악한 바에 의하면 서독의 경우, 개신교회는 반체제 인사들에게 피신처를 제공했으며 이를 통하여 진보정치 세력을 배후에서 지원하였다.

그렇지만 메르켈은 신앙이 정치적으로 이용되는 것보다 개인의 삶 속에서 역동적으로 살아 있어야 한다는 입장을 지켰다. 또한 개신교회 지도자들에게서는 그들의 신앙이 매우 이론적인 수사학을 즐기는 것 같다는 느낌도 받았다.

사회주의 체제에서 교회의 모임보다 오히려 자유청년동맹 단원들과의 만남을 즐겼던 메르켈의 행적을 기억한다면 충분히 이해될 수 있는 부분이다. 물론 당시 베를린 장벽이 평화롭게 붕괴되리라고 예측했다면, 그리고 서독 기독민주당에 입당하여 화려한 정치 인생을 살고자 원했다면 교회생활에 더 충실했을지도 모른다.

서독지역 정당 내의 기독교인 조직체에 대하여 느끼는 메르켈의 감정 또한 이와 유사하다. 메르켈은 기독민주당의 중추 조직으로서 중요한 역할을 담당하는 "여성 기독교인 모임"을 매우 낯설게 느꼈으며, 더 나아가 특성이 매우 모호한 조직이라고 평가했다. 기독민주당 최고 권력자 위치에 오른 메르켈이 활동 초기에는 비주류였기 때문에 그때 느낀 감정은 자연스러운 것일 수도 있을 것이다.

1991년에 입각한 후 의장 직무대행으로 임명된 적이 있지만, 당내의 실권을 장악했다고 보기에는 매우 곤란하다. 실제적으로 기독민주당 내의 수많은 소그룹들 중에서 메르켈은 어떤 조직도 장악하지 못했다. 메르켈이 기독민주당 - 기독사회당 연합 초보 정치인으로 첫 걸음을 내딛을 때 후견인은 콜 총리였다.

그러나 메르켈은 콜 총리의 정치적 후원이 오래 갈 수 없다는 사실을 1991년 브란덴부르크 지구당 위원장 선거에서 낙선하면서 배우기 시작했다. 그리고 1992년 기독민주당의 중요한 정치 세력 중 하나인 개신교 노동자위원회 위원장으로 추대되면서 앞으로 자신이 기독교 정치인으로 평가되기를 내심 기대했다. 그러나 1년 후에는 전체적인 정치인으로서의 이미지를 고려하여 입장을 변경했다.

이후 멕크렌부르크-포어포멘 지구당 위원장으로 선출되고, 기독민주당 내부에서 핵심적인 인물로 부각되면서 자신의 정치적 이미지를 본격적으로 관리하기 시작한 것이라고 볼 수 있다. 따라서 기독민주당 내의 노동자 조직보다 당무에 최선을 다할 것을 결심했다. 그럼에도 메르켈은 개신교 노동자위원회와 조직적-내부적으로 결합되기를 희망했다.

메르켈은 기독민주당 개신교 노동자위원회 창립 40주년 기념행사에서 다음과 같이 연설했다.

> 저는 기독교적 정치의 실현이 가능하다고 믿는 이들과는 다릅니다. 오직 기독교 신앙은 저에게 방향만 제시할 뿐입니다. 기독교 신앙은 저에게 삶의 의미를 일깨워주며, 더 나아가 이를 통하여 희망을 안겨주고, 저를 격려할 따름입니다. 아울러 기독교 신앙을 통하여 저는 인간적 한계를 체감하면서 하나님 앞에서 겸손해집니다. 따라서 저는 독일사회 내에서 개신교회의 대사회적 영향력이 증대하기를 소망합니다. 하나님과 인간 앞에서 우리의 행동하는 양심이 격려받으며, 이를 통하여 우리의 정치적 결단이 의미 있게 되기를 기원합니다.[35]

예수 그리스도를 구주로 영접한 독일 기독 정치인에게 공적인 영역에서의 신앙고백, 그리고 교회와 자신의 정치적 신념을 일목요연하게 정리하는 것은 매우 복잡하다. 가톨릭 교인들의 정치적 입장은

4장 하나님과 정치-구약성경 소선지에 대한 묵상

교황의 '회칙'에 의해 명료하게 표명될 수 있는 반면에, 개신교인들은 자신의 신념에 따라 다양하게 표출하기 때문에, 더욱 더 어려울 수 있다. 교황 회칙에 의해 단순명료하게 정치적 입장을 표출하는 가톨릭 교인들이 기독민주당의 주류를 형성하고 있다는 점을 감안한다면, 다양한 이념적 스펙트럼을 가진 개신교인들의 정치적 입지는 축소될 수밖에 없다.

이와 같은 상황 속에서 탄생된 개신교 노동자위원회의 정치적 의미는 매우 의미심장한 것이다. 전체적으로 볼 때, 메르켈은 과거 가톨릭 교회 입장을 상당 부분 반영했던 기독민주당의 정책을 낙후된 것으로 판단하며, 개신교인들의 다양한 정치적 입장을 존중하는 입장을 취하고 있는 듯하다.

그럼에도 불구하고 다음과 같은 질문은 결코 지나칠 수 없다. 교회와 정치, 혹은 정치인은 교회에 대해 어떠한 입장을 취해야 하는가? 물론 양자 간의 관계에서 신앙이 차지하는 비중은 막대하다. 그럼에도 오늘날 새로운 관계 규정이 요구된다. 평소 공식석상에서 행동하는 것과는 달리 메르켈은 신앙고백에 근거한 정치 활동이 제일 중요하다고 강조한다. 이렇게 표현할 수도 있겠다. 메르켈이 가장 중요하게 생각하는 신앙고백은 루터의 "교황의 권위에 대한 비판"을 계승한 신앙고백[36]이라고.

1991년 1월 18일에 메르켈은 여성·청소년부장관에 취임했다. 불과 1년전에는 동독 과도정부의 대변인으로, 또한 민주개벽 사무실에서 일하는 소위 "만인을 위한 소녀"였다. 그리고 동료들은 메르켈이 녹색당(Grüne)이나 사회민주당(SPD)에서 정치를 할 것이라고 생각했거나, 아니면 베를린 장벽이 붕괴된 후 통일이 되기까지 제한적일 것이라고 예측하였다. 그러나 메르켈은 이러한 예측을 뛰어 넘었다.

드메지에르 과도정부의 대변인이 된 후, 메르켈이 몸담았던 민주화 운동단체 "민주개벽"은 서독 기독민주당으로 합병되었다. 기독민주당이 동독 체제에서 블록 정당으로 활동하던 동독 기독민주당과 합병을 선언한 후 민주개벽이 이를 적극적으로 수용한 것이었다. 참고로, 동독 체제가 민주주의 사회인 것처럼 위장하기 위해 독일 사회주의통일당은 동독 기독민주당에게 제한적이지만 유사 정당으로서 합법적인 자유 공간을 허락했는데, 이런 기능을 하는 정당을 Block 정당이라고 한다. 따라서 최고 인민회의에서 동독 기독민주당은 동독 사회주의통일당 산하 조직으로서 간주될 수밖에 없었다.

메르켈에게도 이와 비슷한 비유를 적용할 수 있을 것이다. 동독 민주화운동 단체인 민주개벽(DA) 출신인 메르켈 또한 동독 과도정부에서는 드메지에르의 사람으로, 통일 독일정부에서는 콜 총리의 사람으로 인정되었기 때문이다.

메르켈은 1990년에 나름대로의 정치에 관한 구상을 가지고 입문한 것이다. 베를린 장벽이 붕괴되기 이전부터 메르켈은 TV 방송을 통해 서독의 중요한 정치적 이슈를 파악하면서 자신의 미래를 준비했다. 메르켈은 동독 시절에 콜 총리에 대한 부정적인 시각을 가지고 있었다고 회고했다. 아마 콜 총리를 풍자하고 조롱하는 서독 TV 방송들의 영향을 받았기 때문으로 보인다.

결정적으로 중요한 사실은 메르켈이 보수적인 정치 이념을 지향했기 때문에 기독민주당-기독사회당 연합에 가입한 것이 아니다. 더 나아가 스스로를 기독 정치인이라고 규정하지 않은 채 정치에 입문한 것도 아니라는 것은 분명하다.

1990년 10월 3일, 동독 과도정부 체제가 막을 내리면서 메르켈은 대변인직을 사임했으며, 그후 통일 독일 정부의 여성·청소년부장관으로 임명되었다. 통일된 후, 처음으로 치른 선거에서 메르켈은 뤼겐 지역에 출마하여 48,5%의 지지율로 국회의원에 당선되었기 때문이다. 현재 이 지역은 메르켈 총리의 중요한 정치적 기반으로 한 때 삶의 희망을 잃고 살아가던 이혼녀가 연방의회에 당당하게 입성하는 사건이 일어난 것이다.

메르켈은 장관 초기에는 TV에 거의 등장하지 않았지만, 이후에는 언론이 주시하는 콜 총리 옆에서 웃으면서 카메라 앞에 서 있는 모습을 자주 보게 되었다. 그래서 메르켈은 "헬무트 콜 총리가 입양한 소녀", 혹은 "여성 할당제로 정치에 입문한 동독 출신의 정치적 욕망에 눈이 먼 여성"이라는 비난을 받았다. 이때 메르켈은 언론의 비난 속에서 극심한 심적인 고통을 겪었다고 회고했다.

메르켈은 통일 이후 수도인 본(Bonn)에서 장관으로 활동하던 시절에는 세련되지 못한 초보 정치인이었다. 그러나 메르켈의 여성·청소년부장관으로서의 정치 활동은 이후 총리가 되기 위한 중요한 밑거름이 되었다. 메르켈의 혁신적인 가족복지 정책은 지금까지도 중요한 정치적 이미지로 형성되어 있기 때문이다.

뿐만 아니라 이 시기에 개입했던 낙태 논쟁은 이후 메르켈이 총리로서 입안한 인간배아 줄기세포 수입일자 연기 법안의 예고편이 되었다. 그리고 생명공학 및 안락사 논쟁도 주도했다.

2007년 12월 하노버에서 개최된 기독민주당 의원 총회에서 인간배아 줄기세포연구 논쟁을 점화시킨 메르켈 총리는 지난날 낙태시술 허용 법령 개정과 관련된 낙태 논쟁보다 더 많은 지지를 받게 된다.

정치적 후원자였던 헬무트 콜 총리는 1991년 메르켈을 장관으로 임명했다. 그러나 그의 후원으로 입문했던 메르켈은 비자금 스캔들에 연루된 콜 총리를 전격적으로 비판하면서 정치적 독립을 선언했다. 콜은 당시 기독민주당의 정치적 대부와 같은 존재였다. 2006년 연방의회에서 콜과 메르켈 총리가 대화를 나누고 있다.

물론 줄기세포 논쟁에도 과거 낙태 논쟁처럼 매우 진지한 자세를 가지고 임한 것은 분명한 사실이다.

2005년 기독민주당이 총선에 승리한 후, 기독민주당 소속 여성의원인 폰 레이언(Ursula Von Leyen)이 혁신적 가족복지 정책을 제안하면서 논쟁을 촉발시켰다. 메르켈 총리의 지원 사격을 받으며 제시된 레이언 의원의 파격적 구상은 기독민주당 소속 가톨릭 교인 및 성직자들에게는 일종의 문화적 충격이었다. 왜냐하면 부모 수당 도입은 전통적인 가족 개념에 대한 도전으로 간주되었기 때문이다. 이전까지 지급했던 양육 수당의 경우 직장 여성들은 혜택받을 수 없었다. 그러나 부모 수당제 도입 이후, 가사 여성 뿐만 아니라 직장 여성들도 양육 수당을 수령할 수 있게 되었고 그 결과 빠르게 출산율이 상승하기 시작했다.

이를 통하여 가족 정책 또한 중요한 사회복지 정책의 일부라는 사실이 확인되었다. 2세 출산을 장려하기 위한 이 정책은 부모 수당을 인상시켜 지급하는 것이었는데, 가톨릭 교회에서 주로 가족문제와 관련된 교회의 교리적 입장을 전달하던 주교 스터친스키(Georg Sterzinsky)는 이 법안에 불만을 터뜨렸다.

탁아소를 확충하는 문제 또한 논쟁의 불씨를 제공했다. 믹사(Walter Mixa) 주교도 이 법안은 여성을 단순히 "출산 기계"로 만드는 것이며, 직장 여성들을 위해 탁아소를 확충하는 것은 여성의 고유한 모성성이 발휘될 수 있는 기회를 박탈하는 것이라고 비판했다.

이와 유사하게 메르켈은 1990년대 초반 여성·청소년부장관으로 재직하면서, 유치원의 제도적 보완을 위한 법안을 제출하여 통과시킨 경험이 있었는데, 그 때 유치원 입학 연령이 3살로 하향 조정되었다.

물론 가톨릭 교회의 입장에서 볼 때, 메르켈 총리가 추진하는 가족복지 정책은 전통적인 결혼제도를 약화시킨다고 비판될 수 있을 것이다. 왜냐하면 메르켈 총리는 "자녀가 존재해야만 가족이 성립한다"는 격언을 문자 그대로 이해하지 않고, 오히려 심오한 차원에서 재해석했기 때문이다.

이는 2007년 제정된 기독민주당 기본강령에 그대로 드러난다. "부모와 자녀가 상호 책임의식을 가지고 관계를 형성할 때, 가족의 개념이 성립된다." 여기서는 혈연적 가족 개념뿐만 아니라 상호책임적 관계를 강조하는 가족 개념을 암시한다. 따라서 자녀 양육에 대한 부모의 책임을 중시하고 있기 때문에 직장에 다니는 여성도 가사 여성처럼 자녀 양육의 책임을 지닌 부모로 인정되어야 하며, 양육 수당이 제공되어야 한다는 사실을 천명한 것이나 다름없다. 그러나 여기에는 결혼에 관련된 사항이 누락되어 있다. 왜냐하면 결혼은 기독민주당이 고유한 가치를 부여하고 있는 영역이었기 때문에 메르켈 총리는 우선적으로 자녀 문제에 초점을 맞춤으로써, 가족복지 정책의 개선을 시도했던 것이다.

그리고 메르켈 총리가 주도했던 사회민주당-녹색당(SPD-Bündnis 90)과의 대연정(die große Koalition)은 독일로 이주한 이슬람 교도들에 대한 이민자 정책을 개선시켰다. 이 정책은 내무부장관 쇼이블레(Wolfgang Schäuble)가 주도했는데, 보수적인 기독교인이었던 그는 이슬람 회당이 독일에 설립되도록 지원하였다. 쇼이블레는 독일사회 내에서 이슬람교는 더 이상 묵인할 수 없는 현실이며, 독일인들도 이제는 이슬람 교도들에게 적대감을 품어서는 안 된다고 생각했기 때문이다. 물론 현재까지 독일로 이주한 이슬람 교도들이 가족을 독일로 초청하는 문제, 독일어가 익숙하지 못한 이슬람 교도들에게 시민권을 부여하는 문제와 관련하여 독일 정부의 규제는 매우 엄격하다. 그래서 녹색당과 독일 터키인연합회는 이 규제 정책을 매우 강력하게 비판하고 있다.

메르켈 총리는 전향적인 정책의 실시도 중요하지만, 독일인의 이슬람 교도에 대한 전통적인 적대감이 먼저 해소되어야 한다고 생각하고 있다. 이와 같은 메르켈의 확고한 신념은 이후에 빛을 발했다. 2008년 헤센(Hessen)주 선거에서 기독민주당 공천을 받은 후보가 이슬람 교도에 대한 적대감을 암시하는 "범죄자 외국인 추방"이라는 모토를 내걸고 표심을 잡으려고 했지만, 메르켈이 주도했던 기독민주당의 분위기상 포기할 수밖에 없었다.

뿐만 아니라 메르켈은 정치적 극우주의의 경계와 독일의 부끄러운 과거사에 대한 철저한 반성을 강력하게 주장하였기 때문에 극우적인 정치적 입장을 주장했던 한 의원은 정치적으로 매장당했다. 그리고 과거 나치 전력을 숨기는 원로 정치인들을 변호하는 행동도 결코 용납될 수 없었다.

5장
정의의 태양

2004년 기독민주당-기독사회당 연합은 당시 슈뢰더 총리가 제안한 노동시장 개혁정책에 동의했다. 이는 2005년 메르켈 총리가 주도했던 기독민주당(기독사회당)-사회민주당(녹색당)과의 대연정(die große Koalition) 이전에 시도된 정책이었다. 결과적으로 독일의 수많은 진보 세력들이 노동자의 권리 축소 및 실업 수당 삭감을 주 내용으로 하는 하르츠(Hartz IV) 개혁 정책, 즉 노동시장 유연성 촉진 정책에 반대하는 시위를 하게 되었으며, 이를 통하여 진보 세력이었던 좌파정당의 정치적 영향력은 확대되고, 법안을 발의한 중도 진보정당인 사회민주당의 지지율은 하락했다.

이와 같은 상황 속에서 메르켈 의장은 2004년 기독민주당 노동자위원회 총회에 참석하여 본 법안을 반대한 독일 루터교회 베를린 지역 주교이며 개신교회협의회(EKD) 의장인 볼프강 후버(Wolfgang Huber)에게 실망했다고 자신의 속내를 밝혔다. 메르켈은 후버의 《하나님과 인간 앞에서》(*Vor Gott und den Menschen*)를 간단하게 소개하면서, 사회민주당의 지지를 받고 있는 후버와 같이 자신 또한 교회와 기독민주당 - 기독사회당 연합의 정치적 후원을 받고 있다고 강조했다. 즉 후버만이 기독교적인 입장을 대변하는 것이 아니라고 주장한 것이다. 아마 사회민주당에 대한 정치적 지지를 자주 암묵적으로 표현하는 후버를 우회적으로 비판한 것이었다고 보여진다.

또한 메르켈 의장은 교회가 노동시장 개혁 법안을 대안 없이 비판하는 것은 문제가 있다고 생각했다. 왜냐하면 누구든지 자유롭게 비판할 수는 있지만, 대안 없이 비판하는 것은 무의미하다고 생각했기 때문이다.[37] 물론 교회의 사회적 책임의식, 즉 사회의 변화와 발전을 위한 교회 노력을 긍정적으로 평가했다.

기독민주당 - 기독사회당 연합은 사회적 문제에 관한 대처 때문에 항상 교회와 대립했다. 메르켈이 기독민주당 의장으로 재직하던 시기 또한 예외가 아니었다. 21세기를 맞이하여 시작된 노동시장 개혁 법안 발의는 성장과 분배와 관련된 경제적 담론의 논쟁을 통해 시도된 것이었다 이른바 "촉진과 요구"(Fördern und Fordern)라고 명명된 이 경제 정책의 핵심은 이후 노동시장 개혁법안의 단초가 되었다. 본 구상의 핵심은 "노동자의 자기 책임에 대한 강조", 즉 노동자보다 사용자 측에 손을 들어준 것으로서, 가톨릭 교회 주교단의 전적인 동의를 얻지는 못했다. 대부분의 가톨릭 사회윤리학자들 또한 실업 수당 삭감을 주 내용으로 하는 하르츠(Hartz) IV 법안이 서민들의 부담을 가중시킬 뿐이라고 경고했다.

그러나 메르켈 의장은 이를 단순하게 해결한다. 사회적 여론의 움직임과 무관하게 독일의 객관적 조건을 고려할 때, 오직 한 가지 입장만이 정당성을 가질 수 있다고 주장하면서 이 법안에 찬성한 것이다. 동시에 교회가 현실적인 상황을 객관적으로 파악하지 못한 채 신학적 입장만 강조하며 정치에 개입하는 것은 바람직하지 못하다고 확실하게 선을 그었다.

메르켈 의장은 2003년 라이프치히에서 개최된 기독민주당 의원총회에서 자유무역주의를 옹호하는 입장을 밝혔다. 경쟁력 강화와 자유시장경제, 성장과 자유는 메르켈이 언급하려는 핵심적 단어들로

가톨릭 교회 주교단 의장을 오랫 동안 역임했던 레만(Karl Lehmann) 추기경은 콜 총리의 절친한 정치적 조언자였으며, 그의 정치적 결정에 중요한 영향을 미쳤다. 메르켈 총리도 레만의 조언을 진심으로 경청하지만 제한적으로만 수용한다.

5장 정의의 태양　61

서, 이는 "신자유주의적"인 패러다임을 의미한다. 2005년 총선에서 박빙으로 승리한 이후 경제 위기가 도래하면서 메르켈 총리는 다소 진보적인 경제정책을 추진했지만, 2006년 이후부터는 자유시장경제 체제의 도입을 시도하기 시작했다.

메르켈 총리는 자유시장 경제체제를 다음과 같이 신학적으로 정당화한다.

> 경쟁의 원리는 경제적 영역에만 국한된 것이 아닙니다. 이는 기독교적인 인간이해와도 결부되어 있습니다. 시장경제는 인간문명의 진보 결과입니다. 왜냐하면 인간은 상호평등하게 경쟁할 수 있는 권리를 지니고 있기 때문입니다.

2005년 하노버에서 개최된 개신교회 교회의 날 행사 도중 사회민주당 뮌터페링(Müntefering) 의장과 슈뢰더 총리가 노르트라인-베스트팔렌(Nordrhein-Westfalen) 선거에서 패배했다는 소식을 전하자, 행사 분위기가 갑자기 침울해지면서 사회민주당 선거운동 분위기로 돌변했다. 실제적으로 5월에 개최된 교회의 날 행사는 예비 선거전과 다름 없었기 때문이다.

교회의 날 행사 참석자들 대부분이 사회민주당을 지지하고 있기 때문에, 기독민주당 의장이며 차기 총리 후보로 유력한 메르켈에게는 이 날 행사 참여가 매우 힘든 일이었다. 개신교회의 주류 세력은 중도 진보정당의 사회민주당-녹색당 연합을 지지하고 있었기 때문이다. 개신교인 유권자 중 40%가 사회민주당을 지지했으며, 가톨릭교인 유권자 중 48%가 기독민주당을 지지했던 2005년 총선은 이와 같은 교회의 정치적 성향을 증명한다.

그럼에도 메르켈 의장은 정면 돌파를 감행했다. 사회민주당 지지자들이 자신을 비판할 때 자주 사용하는 표현을 되받아 치려고 마음을 먹었다. 이들은 항상 "메르켈 의장은 독일의 전통적인 사회민주주의 경제제도를 부정하며 신자유주의를 찬양한다"고 비판했기 때문에 이 부분에 대해 고도로 숙성된 신학적 사유를 강연을 통해 보여주고자 결심한 것이다. 그래서 강연 제목을 "말라기 3장에 근거한 신자유주의 경제 정책의 신학적 정당성"이라고 정했기 때문에 호기심으로 가득찬 수많은 사람들이 강연장으로 몰려 들었다. 이때 슈뢰더 총리도 특별 강연을 했지만 메르켈 의장과 비교한다면 전혀 신학적이지 않은 내용이었다.

메르켈 의장은 소선지서 중의 하나인 말라기서에 구약성서의 핵심적 메시지가 담겨 있다고 생각했다. 말라기서는 이스라엘이 출애굽 이후 만난 위기적 상황으로서, 당시 예언자 말라기가 하나님의 구원 사역을 회상했기 때문이다.

이에 근거하여 메르켈은 성경이 증언하는 '정의의 개념'이 기독교 정치와 사회윤리에 있어서 중요한 역할을 담당하고 있다고 보았다. 따라서 오늘날 정의의 개념에 대한 학문적인 논쟁을 비판하며, 오히려 구약성서가 증언하는 정의의 개념이 우리의 공동체적 삶과 직섭 연관이 있다는 사실에 주목할 것을 촉구했다.

메르켈 의장이 자주 사용하는 표현은 구약시대 예언자들이 선호했던 표현인 "정의의 태양"으로, 여기서 정의의 개념이란 상호간의 신뢰 관계를 보증하는 '연대'의 개념으로 파악한 것이다.

오늘날 사회민주주의 국가의 기독교인들은 성경 말씀이 증언하는

'정의'(Zedeka, 히브리어) 개념의 심오한 의미를 알아야 합니다.
이를 통하여 사회공동체 구성원 간에 신뢰감을 회복할 수 있을 것
입니다. 우리는 하나님과 인간 사이의 신뢰와 사귐을 의미하는 정
의를 삶의 현장 속에서 구체적으로 실현해야 합니다.

즉, 정의의 개념이란 단순히 사회 정치적인 의미만을 지닌 것이 아
니라는 것이다. 메르켈 의장은 우리가 사회적 문제들을 바라볼 때 정
치 경제적인 측면만을 강조하는 경향이 있음을 지적하면서 다른 방
향에서도 중요한 의미를 발견하는 것이 필요하다고 역설하였다.

저는 오늘날 우리가 해결해야 할 사회적, 경제적 문제들을 영적-
정신적인 차원에서 바라보는 것도 필요하다고 생각합니다. 물론
정치, 경제, 사회적인 차원에서 이 문제를 바라보는 것 또한 기본적
인 전제입니다. 우리가 추구하는 정신적, 영적 가치가 무시되고 있
는 현실 속에서, 오히려 우리는 궁극적인 가치를 구현하기 위하여
노력해야 하지 않겠습니까?

일반적으로 보수적인 정치인은 정신적-도덕적 위기의식이 심화
된 상황 속에서 새로운 도덕적 가치의 구현을 역설하며 자신의 존재
를 부각시킨다. 콜 총리는 사회민주당 슈미트(Helmut Schmidt,
1972-1882년) 총리가 실각한 이후에 정신적-도덕적 가치의 재무장
을 기치로 내걸고 선거에서 승리했다.

반면에 메르켈은 실용주의적 원칙을 내세우며, 기독민주당 내에서
최고의 위치에 올라 갔다. 그렇지만 노동자 계층의 입장을 지지하는

교회 의견을 전적으로 수용하지는 않았다. 중장기적으로 독일의 견고한 사회복지제도를 상징하는 전통적인 사회적 시장경제 체제의 전면적인 갱신을 시도하고 있었는데 이것은 자유시장경제 체제의 탄력적 도입을 통한 사회적 시장경제 체제 개혁이라고 평가하고 싶다.

그러나 이에 대한 가톨릭 교회의 반발은 예상 외로 심했다. 2008년 가톨릭 교회 주교단 신임 의장으로 선출된 대주교 촐리취(Robert Zollitsch)는 슈피겔 지와의 인터뷰에서 메르켈 총리의 신자유주의적인 경제정책이 기독민주당-기독사회당 연합과 가톨릭 교회와의 관계를 매우 불편하게 했다고 회고했다.

> 기독민주당은 사회적 시장경제 체제보다 신자유주의 경제 체제를 지향하는 방향으로 움직였습니다. 더 이상 가톨릭 교회와 기독민주당 간의 정책적 공조가 불가능해졌습니다.

6장
생명의 보존에 대한 현실주의적 접근

1991년 9월 26일 메르켈은 본(Bonn)에 있는 수력발전소에서 열린 회의에 참석했다. 이것은 메르켈이 콜 내각의 각료로 임명된 후 7번째 공식회의에 참석하는 것이었다. 당시 연방의회는 낙태문제에 관한 정치적 논쟁을 다시 점화시켰기 때문에 정치적으로 중요한 이슈가 되었다. 1990년에 녹색당(Bündnis 90/Die Grünen)으로 편입된 동독 민주사회주의당(PDS)과 시민운동 지도자들 그리고 기독민주당의 대표적인 보수 논객들이 회의에 참석했다.

당시 여성·청소년부장관이었던 메르켈은 주목받지 못하던 정치인이었지만 주무장관으로 오후 2시에 회의를 주재했다. 의사 일정에 의하면 핵심 의제는 낙태를 시행하는 여성에 대한 처벌 조항을 개정하는 것이었다. 그러나 서독, 동독 출신 정치 지도자들은 합의에 쉽게 도달할 수 없었다. 왜냐하면 동독의 마지막 총리였던 드메지에르가 자신의 입장을 끝까지 포기하지 않았기 때문이다.

1972년 이후 동독은 낙태 시술에 대해 3개월 미만의 태아만 낙태시킬 수 있다는 제한 조항을 두었는데, 서독은 낙태가 가능한 예외적인 경우를 제시함으로 무절제한 낙태시술을 금지시켰기 때문에 갈등이 발생할 수밖에 없었다. 즉 서독사회에서는 의학적 판단, 성범죄에 의한 경우, 생물학적, 사회윤리적 판단에 의해 낙태가 가능하다고 법적으로 규정했다.

2007년 4월 베를린 헤드비히스(Hedwigs) 대성당에서 열린 교황 베네딕트 16세의 80세 생일 축하미사에 참석했다. 추기경 마이스너(Joachim Meisner, 가운데), 대주교 엔더(Erwin Josef Ender, 오른쪽), 추기경 스테친스키(Georg Sterzinsky, 뒷쪽)와 진지하게 담소를 나누고 있다.

민주사회주의당(PDS) 의원 셴크(Christina Schenk, 현재는 좌파 정당 'Die Linke'으로 개칭)는 피임기구가 여성의 건강을 해치는 주요 원인이 될 수 있기 때문에 낙태가 합법적인 가족계획 수단이라고 주장했다. 그러나 기독사회당(CSU) 가이스(Nobert Geis) 의원은 태아의 생명을 죽이는 낙태 시술이 처벌받지 않는다면, 이는 법치 국가의 사회적 시스템 근간의 붕괴를 의미한다고 비판했다.

낙태 논쟁과 관련해서는 대략 두 가지 안이 존재했다. 하나는 사회민주당이 동독의 낙태 법안을 전폭적으로 수용한 3개월 미만의 낙태를 허용하는 법안이었다. 물론 이 경우에는 산모와 의사의 협의가 전제되어야 한다. 또 하나는 기독민주당-기독사회당이 발의한 법안으로서, 여러 상황을 고려하여 낙태를 허용하는 법안이었다. 이 경우에는 의사만이 최종적인 판단을 할 수 있었다.

메르켈은 기독민주당-기독사회당이 발의한 법안에 대하여 매우 실망했다. 왜냐하면 독일사회의 미래를 고려할 때, 이 법안에는 산모의 인권에 대한 배려를 전혀 찾아 볼 수 없는 시대착오적인 발상이었기 때문이다.

> 우리가 현재 결정해야 될 정책이 단순히 벽 앞에서 발포 명령을 하는 행위와 같다면 심각한 문제입니다. 저는 대부분의 가톨릭 교인들이 당면 문제에 대한 합리적인 해법을 모색할 수 있는 지성인이라고 생각하지만, 이번 법안과 관련해서는 오판한 부분이 있다고 생각합니다.

메르켈은 대다수 가톨릭 교인들이 이 법안을 진심으로 찬성하지 않을 것이라고 확신하고 이 법안에 대한 재고 요청을 결심했다. 한 주교는 낙태의 합법화를 시도하는 것 자체가 "베이비 홀로코스트"(Baby-Holocaust)라고 악평했으며, 마이스너 추기경도 이번 낙태 논쟁을 통하여 기독민주당이 궁극적으로 추구해야 할 기독교적 가치가 무엇인지에 대해 진지하게 고민했다고 우회적으로 비판했다. 이미 기독민주당-기독사회당이 발의한 낙태 합법화 법안조차 대부분의 가톨릭 주교들은 반대했으며, 심지어 기독민주당이 타락한 증거라고까지 악평하였다.

당시 기독민주당 소속 여성·청소년부장관인 메르켈이 당이 발의한 법안을 소극적으로 지지하는 것은, 사회민주당이 발의한 법안(3개월 미만 태아에 대한 무조건적인 낙태시술 허용)을 찬성하는 것으로 오해될 수도 있었지만 메르켈은 전혀 개의치 않았다. 그렇지만 이 사건을 계기로 메르켈과 가톨릭의 관계는 불편해지기 시작했으며, 사회주의 국가의 자유분방함을 추구하는 여성으로 낙인찍혔다. 하지만 이것은 독실한 기독교인인 메르켈에 대한 오판이다.

그렇지만 메르켈은 오히려 사회민주당이 이번 낙태논쟁을 통하여 우월한 위치를 선점했다고 평가했다. 사회민주당이 발의한 법안에는 산모가 낙태시술에 관한 최종적인 결정을 할 수 있었기 때문이다. 이와 같은 평가가 언론에 알려지자 비난이 메르켈에게 물밀 듯 밀려왔다. 왜냐하면 기독민주당-기독사회당이 발의한 법안은 의사만이 낙태시술에 대한 최종 판단을 할 수 있었기 때문이었다. 이러한 상황에서 메르켈은 자신의 입장을 포기하지 않았지만, 그렇다고 강하게 주장하지도 않았다.

메르켈은 자신에게 쏟아질 비난을 감수하면서도 당시의 위기 상황을 돌파하기 위해, "처벌 대신 도움을"(Helfen statt Strafen)이라는 모토를 가지고 낙태 문제에 관한 해법을 홍보했다.

1992년 6월 25일 연방의회는 이미 발의된 법안을 상정했다. 그러자 기독민주당 소속 32명의 의원이 사회민주당의 법안을 지지하여 통과되면서, 콜 총리는 10년 만에 처음으로 정치적 실패를 경험하게 되었다. 이 때 메르켈은 반대 표를 행사하지 않은 것으로 알려졌다.

그러자 기독민주당은 사회민주당이 발의하여 통과된 법안이 헌법정신을 위반했다고 헌법재판소에 제소하자 메르켈도 서명했다. 이런 메르켈의 이중적 태도는 즉각 논란을 불러왔다. 그러자 메르켈은 자신이 속한 정당인의 입장에서 서명한 것이라고 해명했다. 즉 기독민주당이 발의한 법안을 법리적 판단으로는 찬성하지 않지만, 현실 정치를 고려하여 서명에 동참했다는 것이다. 그렇지만 진심으로 기독민주당이 발의한 법안이 폐기되기를 희망했다.

반면에 콜 총리는 분명한 자신의 입장을 밝히지 않았으며, 오히려 가톨릭 교회 대변인 역할을 자임했다. 따라서 수많은 이들은 콜 총리의 행동을 이해할 수 없었다.

낙태 논쟁과 관련하여 콜 총리를 혹평했던 슈피겔 지는 기독민주당이 발의한 법안이 통과되지 못한 이후, "우리에게 그만 깃발을 내려야 할 때가 온 것 같습니다"라고 당의 미래에 대해 절망하는 그의 비관적인 인터뷰 내용을 가감없이 보도했다.

몇 년이 지난 후, 메르켈은 이전에 스쳐갔던 새로운 아이디어를 제안했다. 이는 기독민주당-기독사회당이 발의한 낙태시술 허용 법안에 사회민주당이 발의한 핵심적인 내용을 결합하는 수정안이었다. 즉 3개월 미만의 태아에게 무조건적인 낙태시술을 허용하는 것이 아니라, 불가피한 경우에는 의학적, 윤리학적 판단에 의한 낙태시술을 허용하지만 최종적으로는 산모가 결정할 수 있다는 내용이었다. 드디어 1995년 10월 1일 메르켈의 구상이 담긴 낙태시술 허용 개정안이 연방의회에서 통과되었다.

메르켈은 총리가 된 후, 낙태시술 허용에 관한 법령 개정이 자신의 정치 입문 이후 가장 자신 있게 자랑할 만한 첫 번째 업적이라고 자평하며 다음과 같이 회고했다.

> 낙태논쟁 속에서 저는 분명한 입장을 밝히는 이들과 충돌했습니다. 기독민주당 내부에서 낙태논쟁은 매우 격렬했습니다. 저는 논쟁에 참여한 모든 이들이 인신 공격을 하지 않고 자신과 대립되는 의견이라도 포용하며 논쟁이 진행되기를 진심으로 바랬습니다. 사람들이 저의 의견을 묵살하지 않고, 있는 그대로 이해해 준다면 최소한의 타협안도 수용할 자세가 되어 있었습니다. 그러나 논쟁이 진행되는 동안 저를 비판하는 사람들의 정치적 압박을 셀 수 없을 정도로 많이 받았습니다. 논쟁이 막바지에 이를 무렵, 제가 정말 원하는 것이 무엇인지 알 수 없는 상태에까지 이르렀으며, 최종적인 입장도 정리할 수 없었습니다. 그래서 연방의회에 참석하여, 저는 기독민주당이 발의한 법안이 저의 입장과 상충되더라도 기꺼이 수용하겠다고 선언했던 것입니다.[38]

2008년에 메르켈 총리는 필자가 1장에서 밝힌 것처럼 오스나브뤽에서 개최된 가톨릭 교회의 날 행사에 참여한 적이 있었다. 이 때 메르켈은 양로원에서 봉사하는 수녀들과 자리를 함께 했다. 그들은 로마-가톨릭 교회의 유구한 전통을 상징하는 단체였기 때문에 행사 담당자가 이들을 통로에 배치시킨 것이다.

행사 전에 총리 비서실은 수녀들과 만남을 기획하지 않았는데, 메르켈 총리의 돌발행동으로 경호원들을 당황하게 만들었다. 총리가 수녀들과 만난 뒤, 행사에 참석한 청년들이 모여 있는 천막으로 갈 때 불안감은 최고조에 달했다. 그리고는 커피 판매대 의자에 앉아서 그곳에 있던 중년 여성들과 대화를 나누기 시작했다.

무엇 때문에 메르켈 총리는 행사장 구석으로 가서 이들과 대화하려고 했을까? 이 천막에는 "생명의 집"(Donum Vitae)이라는 표시가 있었다. 이곳에서 메르켈은 가톨릭교인연합회 회장인 바쉬뷔쉬(Rita Waschbüsch)와 인사를 나눴다. 총리를 본 수많은 사람들이 모여들었는데, 이런 혼란한 상황에서도 메르켈은 수녀들과 포옹하며 인사를 계속했다.

"생명의 집"은 가톨릭 교회 평신도 봉사조직으로, 임신 여성들의 말못할 고통을 위로해주면서, 구체적인 삶의 문제를 해결해주는 모임이었다. 따라서 법에 의한 낙태를 원할 경우에 시술 받을 수 있는 곳이기도 하였다.

1990년대에 이 단체는 가톨릭 교회 내부에서 격렬한 논쟁에 휘말렸다. 로마 교황청은 이 조직의 해체를 지시하며, 낙태시술 금지 조치를 하달했기 때문이다. 그러나 가톨릭 교회의 수많은 주교, 평신도, 정치인들은 이 단체가 낙태를 금지하고 있는 당시의 법 테두리 안에서 존재하기를 희망했다. 즉 낙태시술을 방조하는 것이 아니라 오히려 임신 여성들에게 낙태시술을 포기하도록 유도해야 한다고 생각했기 때문이다. 이와 같이 당시의 상황은 현실과 원칙 사이에 분명한 지침 제시가 없었기 때문에 혼란스러웠다.

그러나 메르켈 총리는 원칙보다 현실을 중시했다. 국가가 법적으로 낙태를 제한적으로나마 보장하는 이상, 가톨릭 교회의 성직자 그룹이 아니라 자발적 평신도 조직인 "생명의 집"이 교회 내부와 외부에서 봉사해야 한다고 생각했기 때문이다. 그래서 행사장 구석에 있던 "생명의 집"을 방문한 것은 총리 자격으로 임신 여성 고충 해결을 위한 봉사 단체인 가톨릭 교회 평신도 조직을 적극 후원하겠다고 선언한 것과 같았다. 이것은 가톨릭 교회와의 관계를 고려하여 "생명의 집"에 대한 주교단의 간섭을 적극적으로 방어하기 위한 일종의 정치적 제스추어였던 것으로 보인다.

이제부터는 낙태 논쟁에 이어 메르켈 총리의 중요한 업적 중 하나인 인간배아 줄기세포 논쟁에 관한 소개를 하고자 한다.

1999년 8월 과학자 브뤼스틀레(Oliver Brüstle)가 생쥐의 배아 줄기세포를 뇌세포에 이식시키는 실험을 성공시키면서, 새로운 주제가 정치적 논쟁의 핵심으로 등장했다. 이 연구 결과는 이후 줄기세포 연구가 알츠하이머 병과 같은 인간의 불치병 치유를 위해 기여할 것이라는 희망을 갖게 하였다. 즉, 줄기세포 연구를 통하여 인간의 새로운 신경세포가 생성될 수 있으며 또한 이미 손상된 세포를 대체할 수도 있다는 것이었다.

하지만 인간배아 줄기세포를 실험 도구화하는 것에 대해 교회는 비판적 입장을 가지고 있었다. 왜냐하면 이것은 인간의 생명을 계란, 혹은 동물의 정액세포와 동일화시키는 것과 유사할 수 있으며, 아울러 한 사람의 생명을 살리기 위해 다른 생명을 죽이는 것 또한 비윤리적인 행위이기 때문이다.

교회가 이 문제를 정치 쟁점화시키면서 또한 정치를 움직인 것이 인간배아 줄기세포 연구논쟁이다. 이와 관련하여 생명공학과 이식의료 기술에 관한 윤리적 논쟁이 촉발되었다. 2001년에 시작된 논쟁의 출발점은 메르켈 의장에게 있어서는 낙태 논쟁과 확연히 달랐다. 왜냐하면 메르켈은 물리학자이며 동시에 자연과학자로서 자유로운 과학자의 연구 권리를 지지하는 입장이었기 때문이었다. 그렇지만 생명보존의 원칙을 지키려는 대다수 기독교인들을 배려하여 신중한 접근 자세를 취했다. 결코 기독교적 가치의 기본적 토대를 붕괴시키려고 이 논쟁을 점화시킨 것이 아니었기 때문이다.

1991-92년의 격렬했던 낙태 논쟁과는 달리 메르켈 의장은 더 이상 기독민주당의 소수파가 아니었다. 이제는 의장으로서 당당하게 본 논쟁을 주도한 것이다. 그러나 당시 메르켈 의장에게 주어진 중요한 정치적 과제는 총선 승리였기 때문에, 기독민주당의 세부적인 정책 결정 과정에는 참여하지 않았다. 따라서 연방의회가 2002년 1월 말 사회민주당 주도로 인간배아 줄기세포 연구 법안을 통과시켰을 때도 대안을 가지고 있었지만 지켜보고 있었던 것이다.

이 때 통과된 법안에는 2002년 1월 1일 이전에 외국에서 추출하여 생산된 인간배아 줄기세포만 연구용으로 수입될 수 있었기 때문에, 2002년 이후에 생산된 줄기세포는 사용할 수 없었다. 이는 연구를 목적으로 한 인간배아의 과도한 살상 행위를 중지시키기 위한 것이었다. 그렇지만 노화된 인간배아 줄기세포는 더 이상 사용할 수 없었기 때문에 과학자협회는 2006년 11월에 신선한 인간배아 줄기세포를 많이 확보하여 연구에 박차를 가하기 위해 인간배아 줄기세포 수입일자 연기를 요청한 것이었다.

그러나 이때가 메르켈 의장에게는 정치인으로서의 운명을 결정짓는 중요한 시기였기 때문에, 줄기세포 논쟁에 깊게 관여하지 못했던 것이다.

이런 일련의 상황을 짧게 소개하고자 한다.

2002년 1월 11일 기독민주당 의장인 메르켈은 당시 기독사회당 의장이었던 스토이버(Edmund Stoiber)에게 총리 후보직을 제안했다. 여기서 우리는 두 가지를 주목해야 한다. 첫째, 의원 내각제를 채택한 독일의 경우, 보수, 진보 양당 체제를 중심으로 국정이 운영된다. 둘째, 의회 내의 지원 세력을 확보하기 위하여 거대 보수정당인 기독민주당은 소수 보수정당인 기독사회당과 연합하고, 대표적인 중도 진보정당인 사회민주당은 조금 더 진보적인 녹색당과 연합하여 선의의 경쟁을 벌이고 있었다(2009년 9월 총선의 경우에는 자유민주당(FDP)까지 보수정당 연합체에 가입했다. 이렇게 결성된 기독민주당-기독사회당-자유민주당의 보수 대연합은 2009년 9월에 실시된 총선에서 최다 의석을 확보하여 정부를 이끌 수 있게 되었다. -옮긴이 주).

곰곰히 생각해보면, 기독민주당-기독사회당 연합체에서, 다수당 의장인 메르켈이 소수파인 기독사회당 스토이버 의장에게 총리 후보직을 제안했다는 사실은 매우 파격적이다.

이 때 메르켈은 기독민주당 핵심 그룹이 자신을 총리 후보로 선택하지 않을 것이라고 판단하였고, 장기적인 전망에서 경선 포기가 정치적 입지를 강화시킬 수 있을 것이라고 예상했던 것 같다. 만약 현직 총리인 슈뢰더와 대결하여 패배한다면 정치적 재기가 불가능할 수

6장 생명의 보존에 대한 현실주의적 접근 75

있다고 예측한 것으로 보인다. 이런 메르켈의 예상은 적중했다. 스토이버가 총선에서 패배하자 총리 후보직을 양보했던 메르켈이 당내 최고 권력자가 되었기 때문이다. 이와 같은 당시의 상황은 메르켈이 매우 탁월한 정치 전략가요, 투쟁적인 여성 정치인으로 오해받는 계기를 제공했다.

메르켈의 강성 이미지는 콜 총리 시대로 소급된다. 1998년 선거에서 낙선한 메르켈은 장관직을 사임했다. 그리고 기독민주당 최고위원회를 탈퇴한 후에 콜의 후임자였던 쇼이블레 의장(Schäuble) 밑에서 사무총장직을 수행했다. 인간배아 줄기세포 연구를 반대했던 첫 해는 기부금 스캔들로 기독민주당의 지지율이 급격하게 추락했기 때문에 고통스러운 지옥여행과도 같았다.

1999년 12월 22일 메르켈은 프랑크푸르트 신문에 자신의 입장을 기고하면서, 정치적 후원자였던 콜 총리와의 관계를 청산하고 독자적인 노선을 선언했다. 즉 콜 총리가 기독민주당에 막강한 정치적 영향력을 행사했던 시대는 막을 내렸음을 언급한 것이다. 이 기고문을 통해 메르켈은 대담하게도 자신만의 정치 스타일을 가지고 독자노선을 걸어갈 것이라고 선언한 것이다.

콜 총리의 기부금 스캔들이 밝혀진 후에 쇼이블레 의장에게도 출처가 불분명한 기부금을 수령했다는 의혹이 일어났다. 이와 같은 혼란한 상황에서 메르켈은 어수선한 분위기를 진정시키기 위해 지역별 지구당 당원 총회를 개최하여 당내 여론을 수렴하면서 타개책을 마련하려고 했다. 쇼이블레가 갑자기 실각하자 사무총장인 메르켈을 중심으로 기독민주당 진로를 주제로 토론회가 계속되면서 안정을 회복할 수 있었다.

그러나 메르켈이 주도했던 지역별 지구당 당원 총회는 정관에는 없는 것이었기 때문에, 사전 선거운동이라는 비판이 일어나기 시작했다. 중진의원들은 메르켈의 위기 수습책이 의장이 되기 위한 사전 포석이라고 간주하여 방해했기 때문이다. 그러나 이들의 예상대로 소위 "앙기(Angie, 메르켈의 애칭)의 로드쇼(Road-show)"는 메르켈이 의장이 되는 데 결정적인 계기가 된 것이 사실이다.

메르켈의 기독민주당 의장 취임은 보수정당 역사상 처음으로 여성이 의장이 된 사건이며, 에르하르트(Ludwig Erhard)와 쇼이블레(Wolfgang Schäuble) 이후 세 번째로 개신교인이 가톨릭이 주류를 형성하고 있는 기독민주당의 실권을 장악하게 된 사건이었다. 그리고 메르켈을 제외한 전임 의장들은 이혼 경력이 없으며, 자녀들을 양육하고 있었다는 사실 또한 매우 이례적이다.

2000년부터 의장직을 수행한 메르켈은 1949년 출범한 기독민주당 역대 의장 중 아데나워(Adenauer) 총리의 재임기간 16년, 콜 총리의 25년을 제외하면 최장수 의장으로 역사의 한 페이지를 기록하게 되었다. 그리고 2009년 9월 총선을 승리로 이끌었기 때문에 다음 총선까지 재임할 수 있을 것이다. 아니 더 지속될 지도 모른다.

메르켈 의장은 2001년 5월 31일 연방의회에서 처음으로 인산배아 줄기세포 연구에 관한 자신의 입장을 밝혔다. 메르켈의 연설이 끝난 후, 사회민주당 원내총무인 스트룩(Peter Struck)은 줄기세포 연구논쟁이 생명윤리적 차원의 문제이기 때문에 표결 이전에 찬성 혹은 반대 입장을 당론으로 확정하여 강요해서는 안 되고, 개인적 입장과 양심의 확신에 따라 투표할 것을 주장했다.

이때 연방의회는 인간배아 줄기세포 초기 진단에 관한 위법성 여부도 함께 심의하며 토론했다. 메르켈은 토론에 들어가기 전에 인간의 생명이 계란이나 정액세포와 동일한 것이 되어서는 안 된다고 거듭 강조했다.

기독교 신앙에 근거하여 메르켈은 최소한 지켜야 할 윤리적 기준을 다음과 같이 제시했다.

> 이 부분이 제가 말씀드리고 싶은 모든 것입니다. 하나님 앞에서 우리 기독교인이 지녀야 할 가장 중요한 것은 우리의 책임의식입니다. 우리는 확실하게 지켜야 할 판단 기준을 가지고 본 법안을 심의해야 할 것입니다.

이와 같은 메르켈의 연방의회 연설은 이후 전개된 격렬한 논쟁을 예고하는 듯했다. 이는 매우 엄격한 윤리적 기준이 미리 전제되어야 한다는 사실을 메르켈이 우회적으로 표현한 것이었기 때문이다. 그렇지만 메르켈이 발언한 내용은 청중들이 생각할 때, 윤리적 판단의 기준을 모호하게 만들어 버릴 수 있는 위험성도 지니고 있었다.

> 우리가 지켜야 할 윤리적 판단의 기준은 분명해야 합니다. 그러나 경직되거나, 혹은 미리 답변을 전제한 채 윤리적 판단을 해서는 안 됩니다.

그렇다면 경직, 고정불변하지 않으며, 융통성을 발휘할 수 있는 윤리적 기준은 과연 무엇인가? 우리가 잊지 말아야 할 사실은 인간이 제시할 수 있는 윤리적 기준이 영원한 진리일 수는 없다는 것이다. 메르켈 또한 우리가 지켜야 할 윤리적 기준을 고정불변의 진리라고는 생각하지 않았다. 이와 같은 신념을 바탕으로 이 논쟁에서 메르켈은 중재자로서의 역할을 성공적으로 수행했으며 자신이 추구하는 신념과 일치하는 결론을 유도해 냈다.

그리고 메르켈 의장은 이 논쟁을 통하여 기독민주당과 전체 사회 구성원과의 정치적 소통을 현실화시켰다. 기독민주당의 핵심 당원들은 기독교인들이 인간배아에 생명으로서의 가치를 부여하여 보존을 주장하고 있다는 사실을 고려하여 이들의 분노를 자극하지 않으려고 노력했다. 동시에 인간배아 줄기세포 연구를 통하여 인류의 희망을 발견하고자 하는 이들의 입장 또한 충분히 공감했다.

연설이 종료되자 메르켈 의장에게 수많은 질문이 쏟아졌다. 하지만 메르켈은 현재 팽팽한 의견 대립으로 더 이상의 의견 개진이 서로에게 감정만 상하게 할 것이라고 판단하여 합의에 도달할 때까지 회의를 잠시 중지해 줄 것을 연방의회에 요청했다.

2001년 5월 2일 슈뢰더 총리는 국가적 차원에서 생명윤리 문제를 다루기 위한 윤리위원회를 설치했는데 이 위원회에 교회 관계자가 대거 참여하고 있다는 사실이 논란을 일으켰다. 그러자 다음날 과학자협회는 정부에 인간배아 줄기세포 연구를 허락해 줄 것을 요청하였다.

그러나 5월 18일에는 연방 대통령 라우(Johannes Rau)가 기조 연설을 통해 인간배아 줄기세포 연구는 비윤리적인 행위라고 단정했다. 그러자 연방의회는 5월 31일에 이 문제에 관한 심의를 개시했고, 이듬해인 2002년 1월 30일에 과반수 이상의 지지를 받아 외국에서 추출된 인간배아 줄기세포의 수입을 허락하는 법안이 통과되었다.

그렇지만 이 법안이 기존의 인간배아 보호법을 위반했기 때문에 가톨릭 교회와 개신교회는 큰 충격을 받았다. 따라서 교회는 줄기세포 수입 허용으로 생명의 가치를 지니는 인간배아 줄기세포의 실험 도구화가 정당성을 획득해서는 안 된다고 강하게 주장하였다.

이 때 메르켈 의장은 대안을 가지고 있었음에도 슈뢰더 총리의 인간배아 줄기세포 수입을 통한 연구지원 기획안을 찬성했다. 즉 인간배아를 희생시켜 실험 재료로 활용하는 연구는 생명보존 차원에서 위험한 발상이기 때문에, 오히려 성인 줄기세포를 연구해야 한다고 생각했던 것이다. 더 나아가 인류의 미래를 위해 공헌하는 생명과학자들의 국제적 교류 영역을 확대해야 하며, 정부가 적극 지원해야 한다고 강조했다. 이것은 자연과학자 메르켈의 진면목이 강하게 느껴지는 대목이다.

이와 같은 양자 절충안은 다음과 같이 요약될 수 있다. 고귀한 생명으로서 가치를 지니는 인간배아는 보존되어야 하지만, 줄기세포 연구의 과학적 정당성도 인정되어야 한다.

2001년 6월 16일에 메르켈 의장은 프랑크푸르트에서 "생명의 기적"이라는 강연을 하였다. 그때 기독민주당-기독사회당 의원들과 목사들에게 익숙한 신학적 언어를 사용하며 자신의 견해를 "생명치유의 윤리" 관점에서 설득하였다. 여기서도 인간배아 줄기세포를 통한 인간 생명의 치유 가능성을 제시하면서 줄기세포 연구는 인간에게 유익한 도구가 될 수 있으며, 이를 죄악시한다면 생명구원의 사역을 중지하는 것이나 다름없다고 주장했다.

그 다음에는 마태복음 9장 18-25절에 나오는 야이로의 딸과 혈루증을 잃는 여인 이야기를 새롭게 해석하며 자신의 신학적 입장을 밝혔다.

> 이것은 분명히 기적의 역사입니다. 저는 그들에게 무슨 일이 발생했는지 알지 못하지만, 이것 또한 틀림없는 엄밀한 역사적 사실입니다.[39] 예수님께서는 모든 이들이 야이로의 딸이 죽었다고 믿었을 때, 그들에게 왜 울고 있느냐면서 이 아이는 죽은 것이 아니라 단지 자고 있을 뿐이라고 말씀하셨습니다.

> 하지만 예수님을 믿지 않는 이들은 그 분의 말씀을 완전히 수용하지 못합니다. 하지만 기독교인은 다릅니다.

메르켈은 이 본문을 확실하게 믿지 못하고 있음을 솔직하게 고백하면서도, 신앙고백을 통하여 확실한 역사적 사건으로 받아들이고 있다고 역설한 것이다.

> 최소한 저는 예수님의 말씀이 인간의 이성과 경험과는 모순되지만, 그럼에도 불구하고 저는 어렵게 이 말씀을 수용할 수 있습니다.

> 이 아이는 죽은 것이 아니라 지금 자고 있을 뿐이다.

메르켈 의장의 성경주석은 직접적인 결론을 성급하게 유도하는 것이 아니라, 오히려 듣는 사람으로 하여금 진지한 삶의 성찰을 강조하는 것처럼 보인다.

오직 하나님께서 삶과 죽음을 주관하시기 때문에, 하나님께서 원하신다면 이 연구를 중지시키실 것입니다. 그러나 저는 역사를 돌이켜 볼 때, 인류는 죽어가는 한 생명이라도 살리려고 항상 노력했음을 말씀드리고 싶습니다.

메르켈은 질병을 사회적 개념으로서, 타인과의 고립으로 인한 고통으로 이해했으며, 또한 궁극적으로 하나님을 경외하지 않기 때문에 발생하는 것이라고 파악한 것이다. 곧 이어 혈루증을 앓는 여인 이야기를 시작했다.

그 여인은 질병을 앓고 있었으며 주위 사람들도 이 사실을 분명하게 알고 있었습니다. 그래서 주위 사람들과 고립되는 것을 매우 두려워했습니다. 유명한 의사들을 찾아 다니며 질병의 고통을 치료하려고 했지만 기적은 발생하지 않았습니다. 사람이 살아가는 삶의 상황을 고려하지 않는 채 도덕적 원칙만을 강조하는 것은 무의미합니다.

하나님께서 우리에게 인간이 느끼는 고통을 최소화하고 질병을 치유하도록 명령하지 않으셨습니까? 하나님께서는 우리의 질병 퇴치 노력을 원하십니다. 마태복음에 나오는 여인은 더 이상 할 수 있는 것이 없었습니다. 오직 할 수 있다면 명의를 찾아 다니는 일이었을 것입니다.

이를 통하여 메르켈은 기독민주당의 두 핵심 그룹, 즉 가톨릭 교인과 개신교인들에게 이 문제 해결을 위한 직접적인 힌트를 제공하려고 한 것으로 추측된다. 메르켈은 현실 정치인으로서 인간배아 줄기세포 연구를 진지하게 생각한 것이지, 이데올로기적 차원의 경직된 대안을 제시하려고 한 것은 아니었다. 그렇기 때문에 메르켈을 원칙 없이 행동하는 정치인으로 비판할 수도 있을 것이다.

> 인간의 역사는 질병퇴치를 위한 희망을 조금씩 실현함으로 진보했습니다. 따라서 저는 생명공학이 위험하다고 생각함에도 불구하고, 이를 통하여 인간의 질병치료 가능성과 희망을 발견합니다. 물론 최종적으로 우리는 윤리적 판단의 능력을 상실해서는 안 될 것입니다.

그러나 자궁 내의 인간배아 줄기세포의 상태를 미리 진단하여 좋은 경우에만 추출하여 조직을 이식하고 배양하는 작업은 매우 위험하다고 생각하였다. 즉 줄기세포 연구에 있어서 인간배아 줄기세포가 인간의 생명으로서의 가치를 가지고 있음을 전제해야 한다는 것이다. 그래서 메르켈 의장은 줄기세포 연구의 딜레마를 위한 명확한 해법 제시보다 바람직한 사고의 유형과 방향만을 암시하고자 노력하였다.

2006년 초부터 줄기세포 연구에 새로운 논쟁이 점화되었다. 사회민주당이 주도했던 2002년과는 달리 이번에는 기독민주당이 논쟁을 주도하였다. 메르켈 총리와 가톨릭 평신도협의회 부의장이며 과학기술부장관인 샤반(Annette Schavan)이 적극적으로 여론의 흐름을 주도해 나간 것이다. 찬반 양론이 비슷한 상황에서 논쟁은 격렬하게 진행되었다. 샤반은 이 논쟁이 지속적으로 진행되어야 하며 또한 새로운 지평에서 전개되어야 한다고 생각했다. 물론 메르켈이 수장으로 있는 독일 정부는 이전에 확정한 인간배아 줄기세포 수입일자 법안 변경을 원하지 않았다. 그리고 정부 출범 초기에는 결코 절충안 개정을 시도하지 않을 것이라고 공언하였다.

그러나 2006년 샤반은 유럽연합 회원국들이 줄기세포 연구가 인류를 위해 긴요하지만, 이 연구가 경제적 이윤 창출을 위해 이용되어서는 안 된다는 의견에 대부분 동의한다는 사실을 알게 되면서, 의욕적으로 새로운 줄기세포 연구 법안을 통과시키기 위해 노력하게 된다.

그리고 프랑크푸르트 신문에 줄기세포 수입량을 증가시키기 위해 수입일자를 연기해도 이것이 비윤리적인 행위라고 볼 수 없다고 기고한 개신교회협의회 후버(Huber) 의장의 지지 발언은 법안 통과를 위한 결정적 역할을 하게 되었다. 왜냐하면 이 기고를 통해 줄기세포 연구를 반대하는 가톨릭 교회와 개신교회의 연합전선이 붕괴되기 시작했기 때문이다. 이전부터 메르켈 측은 독일 개신교회 수장인 후버 의장의 견해가 전체 개신교회 입장을 좌우할 수 있다고 보았기 때문에 밑그림을 그려놓고 있었다.

후버 의장에 의하면 법안이 시행된다고 해도 인간배아는 생명으로서의 가치가 보존될 수 있다는 것이었다. 그러면서 동시에 오랫동안 외부에 노출된 인간배아 줄기세포 활용을 위한 새로운 기술 개발을 제안했다. 이것은 신선한 인간배아 줄기세포만 얻으려 한다면 수많은 생명들이 죽을 수밖에 없기 때문이다.

이후에 열린 가톨릭 교회 주교단과 메르켈 총리와의 회담에서는 합의점을 이루지 못했다. 참석자들에 의하면 회담 분위기는 매우 심각했다고 한다. 메르켈 총리는 자연과학적 전망 속에서 줄기세포 연

메르켈 총리는 2008년 6월 베를린 돔성당을 방문했다. 개신교회협의회 의장 볼프강 후버(Wolfgang Huber, 왼쪽), 그리고 의장 직무대행 스테판 라이머스(Stephan Reimers)와 만나 대화를 나누고 있다.

구의 제한적 허용에 대해 해명했지만, 주교단은 총리의 학문적 해명에 관심을 보이지 않았다. 그리고 인간배아 줄기세포 수입일자를 연기함으로써, 연구용 인간배아 줄기세포 공급양의 증가를 시도한 법안이 비난받을 수밖에 없는 이유를 잘 알고 있지만, 그럼에도 추진해야 하는 이유를 최선을 다해 설명했다. 이것에도 주교단은 전혀 귀를 기울이지 않았다.

한편 인간배아 줄기세포 수입일자 연기에 대한 법안은 하노버에서 개최된 기독민주당 의원 총회에서 대다수 의원들이 지지를 선언함으로 한층 더 법안 통과를 압박했다. 메르켈 총리는 기독민주당이 발의한 법안이 연방의회에서 다수의 찬성으로 가결되도록 이와 같은 전략을 사용하였다.

계속해서 총리는 마이크를 놓지 않고 인간배아 줄기세포의 수입일자가 연기되어 더 많은 물량이 연구자들에게 공급될 수 있도록 도움을 요청했지만 강당의 분위기는 냉담했다. 왜냐하면 수많은 강연자들이 이미 줄기세포 연구를 반기독교적 행위라고 주장했기 때문이다. 그러면서 기독민주당이 숭고한 정당 이념인 기독교적 가치를 항상 잊지 말아야 한다고 강조했다. 물론 메르켈 총리도 자신이 발의한 법안에 대해 인간배아의 살상 행위가 정당화되어서는 안 된다고 역설했다. 그리고 이후 윤리적인 논증을 시도하면서 사람들의 마음이 흔들리기 시작했다.

메르켈 총리는 다음과 같이 한 번 더 강조했다.

> 더 많은 인간배아 줄기세포를 확보하기 위하여 인간배아를 살상하는 행위는 기독민주당이 추구하는 기독교적 인간이해와 절대로 어울릴 수 없습니다. 그러나 인간배아의 보존뿐만 아니라 이를 이용한 생명의 치유 또한 포기할 수 없습니다.

그 날 저녁은 매우 인상 깊은 시간이었으며, 수많은 의원들이 오랜 시간 토론을 통해 최종적인 결정 과정에 참여했다. 격렬한 토론 이후 법안은 가까스로 당내에서 과반수의 지지를 확보했다. 그렇지만 이 날 이후 기독민주당은 보수정당에서 자유주의 정당으로 탈바꿈했다는 비난에 시달리게 되었다.

그리고 메르켈 총리의 견해는 인간배아 줄기세포 연구자의 영역 확장만 추진하는 매우 빈약한 윤리적 근거를 가지고 있다고 비판받았다. 마이스너 추기경도 총리의 최종적 판단은 기독민주당이 추구하는 "기독교적 가치"와 무관하며, 주변 정치적 상황만 고려한 채 윤리적 판단을 했다고 비판했다.

그러나 메르켈 총리는 신앙과 양심을 지키면서 정치적 결정을 내렸다고 확신했다. 본 법안 심의과정 동안 주무장관인 샤반과 함께 매우 민감한 사안에 대해 당당하게 공개 토론을 주도해 나갔으며 이를 통하여 총리로서의 리더십을 증명하였다.

7장
평화를 만드는 사람들

본(Bonn)에서는 찾아볼 수 없는 베를린 돔성당의 화려함과 웅장함은 이곳을 중요한 회의 장소로 사용하게 하였다. 이곳의 설교단은 라인란트(Rheinland, 서독 수도였던 본을 중심으로 한 지역) 가톨릭교회 설교단보다 더 높은 곳에 위치하여 웅장한 멋을 드러냈다. 대표적인 프로이센 제국의 국가교회 건물이었던 이곳은 로마에 위치한 성 베드로 성당이 로마-가톨릭 교회를 상징하는 대명사인 것처럼 독일 개신교회를 상징하는 건물이다. 이곳을 통하여 지난날 프로이센 호헨졸렌 왕조(Hohenzollern-Monarchie)와 독일 개신교회는 긴밀하게 정치적으로 결합되었다.

이후 독일 통치 체제가 공화정으로 전환되면서, 왕실의 충성스러운 조언자로서의 베를린 돔성당의 역할은 변하였다. 지난날 프로이센 제국의 교회와 왕실의 결합을 상징했던 돔성당의 이미지가 탈바꿈된 것이다. 오히려 지금은 정부를 비판하며 견제하는 베를린 돔성당의 이미지가 구축되어 있다.

그러나 2003년 11월 개신교회협의회 의장으로 선출된 볼프강 후버는 전임자들과는 달리 이곳에서 사안별로 수렴된 개신교회의 정치적 입장을 정부에 건의하면서 협조 체제를 구축하려고 노력했다. 후버는 의장으로 취임하기 전인 2002년 9월 11일에 슈뢰더 총리를 지지하면서 메르켈의 정치적 입장을 반대한 적이 있었다. 당시는 총선을 11일 앞두고 있었으며, 미국의 9·11 참사 1주년을 맞이하는 시기였음에도 불구하고 메르켈은 현실적인 정치적 손익 계산에는 큰 관심을 기울이지 않았던 같다.

9·11 참사 이후 슈뢰더 총리는 미국을 향해 "무제한적 연대"를 선언하며, 정치적 지지를 표명했지만, 1년이 지난 후 그는 미국의 이라크 공격을 강도 높게 비판했다. 따라서 미국의 이라크 공격을 위한 군사적 협력을 거부했다. 슈뢰더는 하노버에서 개최된 선거운동본부 창립식에서 미국의 이라크 공격과 관련된 독일의 외교정책을 중요한 정치적 이슈로 만들었다. 그러나 기독민주당-기독사회당은 슈뢰더의 정치적 입장을 반박했다. 즉 이라크 전쟁에는 기본적으로 거부하지만, 그럼에도 미국-독일 동맹은 견고하게 유지되어야 한다고 생각했기 때문이다. 슈뢰더는 반전 선언을 통해 인기가 더욱 상승되었고, 이로 인해 2002년 9월 22일 총선에서 승리하여 사회민주당-녹색당 연합을 지속적으로 추진할 수 있었다.

2002년 9월 11일, 아직 사회민주당의 승리가 확정되지 않았던 시기에 후버 주교는 자신의 신학적 입장이 슈뢰더를 결코 지지하는 것이 아님을 암시하면서, 평화를 만드는 사람들은 하나님의 자녀들이라는 견해를 밝혔다. 후버는 예수님의 산상수훈을 인용하며 이것은 비폭력적인 방법으로 평화를 실현해야 한다는 사실을 의미하고 있음을 다음과 같이 강조했다.

> 예수님께서는 수동적인 자세로 폭력과 불의를 용납하지 않으셨으며, 오히려 이를 극복하고자 하셨습니다. 이것이 그분 사역의 목적이었습니다.

물론 메르켈 의장은 후버의 입장에 기본적으로 동의했다. 그러나 이틀 후 후버의 신학적 해석을 인용하며, 평화를 만드는 사람들은 평화를 완성한 사람이 아니라 '평화를 준비하는 하나님의 자녀'라고 응수하며 간접적인 비판을 시도했다. 그러면서 슈뢰더 총리의 독자적인 정치 행보를 이해할 수 없다고 직격탄을 날렸다. 그가 독일을 세계 정치의 무대 속에서 고립시키고 있으며 오히려 평화 정착을 위한 작업을 방해한다고 판단했기 때문이다.

그리고 기독민주당-기독사회당 지지자들은 슈뢰더 총리가 부시 대통령의 외교정책을 반대하는 것이 국익에 무익하다고 생각했다. 이들에 의하면 슈뢰더는 교회의 반전운동을 이용했을 뿐이다. 과장하여 표현한다면 베를린 돔성당을 가득 채운 기독교인들의 반전운동 분위기에 도취된 것이다.

이라크 전쟁은 메르켈과 교회의 관계를 매우 험난하게 만들었다. 2002년 가을부터 2003년 3월까지 미국이 이라크를 공격했기 때문이다. 따라서 이라크 전쟁 참전 문제는 중요한 논쟁의 주제로 부각되었다. 메르켈은 사회민주당이 선거에서 승리한 이후 야당인 기독민주당 의장으로 친미적인 성향을 대변하면서 진보적인 기독교인들과 자주 충돌하였다.

당시 교황 바오로 2세는 이라크 공격 이전에 이라크를 지지하며 미국을 비난했다. 교황은 이 문제는 결코 군사적인 조치를 통하여 해결해서는 안 된다고 생각했던 것이다. 교황은 바그다드에 특사를 파견하였고, 부시 대통령에게는 평화를 호소하며 전쟁 방지를 위한 외교적 노력을 기울였다. 이것은 교황이 최근에 취한 최고의 정치적 의사 표현이었다. 그리고 이라크 전쟁과 관련하여 영국 총리 토니 블레어, 이라크 총리 직무 대행자, 독일 외무부장관 요슈카 피셔(Joschka Fischer) 등이 교황청을 방문하였다.

가톨릭 주교단과 개신교회협의회 지도부는 미국의 강경책, 특히 이라크 공격 계획을 강도 높게 비판했다. 그리고 후버 이전 개신교회협의회 전임 의장인 콕(Manfred Kock)은 부시 대통령을 근본주의자라고 혹평하며, 그의 행동은 이슬람 테러리스트들과 유사하다고 비난하기도 했다. 이 때 독일의 거의 모든 교회에서는 이 문제가 핵심 쟁점으로 부상되면서 미국의 이라크 공격을 반대하는 평화기도회가 열렸다.

그럼에도 메르켈은 미국 입장을 변호하면서 자신의 입장을 주장했다. 물론 기독민주당 내부에서도 비판의 목소리가 없지 않았다. 연방의회 비공개 원내총무 회담에서 교회의 목소리에 귀기울이지 않는 메르켈 의장에 대한 비난이 쏟아졌다. 국제법을 위반하면서도 미국이 전쟁을 강행하는 것은 잘못된 것이라고 이구동성으로 말한 것이다. 메르켈은 이런 여론의 흐름을 충분히 이해할 수 있었기 때문에 받아들였다. 그렇지만 이 문제는 신앙의 문제가 아니기 때문에, "평화를 위하여 기여하는 기독교인"과 같은 표어는 문제가 있는 것이라고 생각했다.

메르켈 의장은 가톨릭신문사와의 인터뷰에서 다음과 같이 언급했다.

> 이라크 전쟁에 관한 논쟁은 결코 신앙의 문제가 아니라, 우리 안전을 보장하기 위한 구체적인 정치적 사안입니다.

며칠 후, 주요 일간지들이 메르켈 의장에게 한 목소리로 분명한 기독교 신앙관에 따른 정치적 결단을 촉구하자 곤란한 상황에 처하게 된다. 한 동안 장고를 거듭한 끝에 메르켈은 특유의 승부사 기질을 발휘하며 새로운 논리를 가지고 정면돌파를 시도한다.

> 대량 살상무기를 소유한 독재자가 군사적 모험을 하지 못하도록 미리 예방해야 하지 않겠습니까?

메르켈 의장은 교회가 정치에 개입해서는 안 된다고 확신하고 있었다. 이 문제를 이성적 논리에 입각하여 매우 냉철하게 인식하고 있었기 때문에 더 이상 교회와의 대화를 불필요하게 생각했다. 그리고 성경 말씀을 상황에 대한 진지한 고려 없이 직접적으로 현실 정치에 적용하는 것을 매우 위험한 행동으로 간주했다. 따라서 교황의 입장보다는 현실적인 정치적 견해들을 더 수긍했던 것이다.

물론 자신의 정치적 입장만 주장한 것이 아니라 다양한 여론 수렴 과정도 매우 중요하게 생각했다. 그래서 현실 정치의 논리와 교회 입장이 다른 것에 대해서 불만을 표시하지 않은 것이다. 심지어는 교황을 전략적인 차원에서 설득하려고 시도하지도 않았다. 왜냐하면 교황은 충분히 전쟁을 반대하고 평화를 정착시켜야 하는 입장에 있다고 생각했기 때문이었다. 그때 5명의 기독민주당 의원이 전쟁을 중단시키고 평화를 증진하기 위해 노력하는 교황을 지지하는 성명서 채택을 요구하는 사건이 발생했다. 그러나 이 안건은 과반수 지지를 확보하지 못했으며 메르켈 의장도 동의하지 않았다.

메르켈 의장은 전쟁을 최후의 수단이라고 생각하는 교황과 의견이 일치했지만 공식적으로는 침묵을 지키면서 자신의 입장을 표명하지 않았다. 그동안 가톨릭 교인들은 메르켈 의장이 교황의 입장을 반대하는 것이라고 추측하면서 확실한 입장 표명을 요구했다. 즉 전쟁을 중재하려고 노력하는 교황의 뜻을 거부하고 있다고 생각했던 것이다. 그러자 메르켈은 이들의 불만을 풀어주기 위해 교황을 만나야겠다고 결심하게 된다.

메르켈 의장은 검은 면사포를 쓰고 2003년 3월 27일에 교황 바오로 2세를 예방했다. 15분 동안 이라크 문제뿐 아니라, 유럽인들의 기독교 신앙에 관해 의견을 나누었다. 이때 교황은 메르켈 의장의 견해에 매우 만족해 하였다. 그럼에도 메르켈은 의식적으로 이라크 전쟁에 대한 자신의 신중한 입장을 굽히지 않았다. 회담 결과 보고에 의하면 교황과 메르켈 의장은 전쟁은 평화를 지키기 위한 마지막 수단이 되어야 한다는 입장에 동의했다고 한다.

2003년 3월 27일 바티칸 교황청을 방문하여 요한 바오로 2세를 예방했다.

　메르켈 의장은 이 때 처음으로 교황청을 방문한 것이다. 애초에 회담 성사 가능성은 불투명했지만 결과적으로는 좋은 성과를 거두었다고 자평했다. 양자 간의 만남은 로마-가톨릭 교회의 수장과 동독 출신 개신교인의 첫 만남이었다고도 표현할 수 있을 것이다. 메르켈을 수행했던 독일 정부 대표단 중 한 사람은 이 날의 만남이 세계 기독교인들에게 큰 인상을 남겼을 것이라고 논평했다.

　이후 메르켈 의장은 인터뷰에서 바오로 2세와 자신은 영적인 차원의 친밀감을 느꼈다고 언급했다. 왜냐하면 교황의 고향인 폴란드와 동독지역은 비슷한 시기에 사회주의 체제를 경험한 곳이기 때문이었다. 그리고 바오로 2세의 자유를 위한 신념이 동, 서 냉전 붕괴를 촉진시켰을 것이며, 젊은 세대들에게 귀감이 될 것이라는 칭찬 또한 아끼지 않았다.

계속해서 바오로 2세와 메르켈 의장은 이라크 소수 기독교인에 대한 의견을 나누었는데, 이 문제는 지금까지도 중요한 문제로 부각된다. 가톨릭 교회와 개신교회는 2008년 1월 이라크 기독교인들이 독일로 망명할 수 있는 법률조항 제정을 청원하였다. 당시 이라크에는 약 120만 명의 기독교인들이 박해와 차별을 받고 있었으며, 인근 국가로 피신하여 피난민 수용소에서 생활하고 있었다. 따라서 기독교적 전통이 뿌리내린 독일이 그들의 독일 망명을 지원해야 한다는 여론이 형성되기 시작했던 것이다.

하지만 이라크에는 다른 소수 민족들도 박해받고 있었기 때문에, 기독교인들에게만 망명 기회를 허락해서는 안 될 것이라는 비판적 여론도 만만치 않았다. 이후 이 논쟁은 유럽 전체로 확대되었지만 합의점을 찾지 못했기 때문에, 어떤 국가도 이라크 기독교인의 망명을 허락하지 않았다.

이런 상황을 지켜보던 교회는 실망감을 감출 수 없었다. 그러자 후버 의장은 소수 민족 박해로 이라크 기독교인들이 생명의 위협을 느끼고 있다고 언급하면서 망명 정책 추진을 암묵적으로 요구했다. 그럼에도 불구하고 이 문제에 대해 메르켈 총리가 침묵하자 이라크 기독교인 망명 정책을 고의적으로 추진하지 않는다는 세간의 의심을 받게 되었다.

그렇다면 메르켈 총리는 왜 그들을 도와주려고 하지 않았을까? 이라크 수상인 누리 알-말리키(Nuri al-Maliki)가 2008년 여름에 독일을 방문하였다. 이 때 독일의 이라크 기독교인 망명 지원 정책은 부정적 결과를 초래하여 이라크인들에게 적대감을 심화시킬 수 있음을 암시하며 철회를 요청했다. 또한 이라크 가톨릭 추기경 델리(Emmanuel Delly)도 이 정책의 위험한 요소를 지적하면서 오히려 서유럽의 기독교인들은 이라크에 교회가 존재할 수 있도록 도와주어야 한다는 입장을 전달했다. 아마 두 사람의 제안이 결정적이었을 것으로 추측된다.

메르켈 총리는 이 문제와 관련하여 가톨릭 주교단과 대화를 나누었다. 그러나 접근 방식이 서로 달랐다. 일종의 문화적 차이라고 해야 할 것이다. 가톨릭 주교단은 분명한 입장을 원했던 반면에 총리는 현재 상황에 대한 객관화된 인식을 하고 싶었기 때문이다.

메르켈 총리는 우리가 이라크의 기독교인들을 보호하려고 하면, 오히려 그들이 피해를 입을 수 있다는 입장을 전달했다. 또한 "기독교인이 서로 도와 주어야 한다"는 모토는 매우 근시안적인 견해라고 비판하면서 쉽게 수긍하지 않았다. 오히려 피난민의 개념 규정은 기독교인을 초월해야 한다고 주장했다.

이것은 메르켈 총리가 "기독교적 가치"를 피상적인 의미로만 생각하지 않고, 오히려 기독교 영역을 초월한 기독교 정치의 개념을 구상하고 있다고 생각되는 대목이다.

더 나아가 메르켈 총리는 중동 분쟁과 관련된 이스라엘의 상황에 주목했다. 그래서 연방의회 개회 연설에서 지난날 기독민주당 의장 시절 미국의 이라크 공격을 지지했던 자신의 모습을 회상하면서, 이라크 전쟁과 이스라엘 안보와의 정치적 함수관계에 대해 적극적으로 거론한다.

저는 누군가 독일 정부를 다음과 같이 추궁하지 않기를 희망합니다. 이라크의 독재자가 이스라엘을 위협하고 있다면, 이를 차단하기 위해 독일 정부가 한 일은 과연 무엇입니까? 독일 정부는 이라크 독재자 후세인의 최종 목적이 이스라엘을 박멸시키는 것임을 망각했습니까? 독일은 미국의 이라크 공격에 동참하지 않았습니다. 언젠가 독일 정부는 유럽연합과 미국이 협력했다면, 오히려 이라크와의 전쟁을 피할 수 있었을 것이라고 생각하며 과거의 역사에 대하여 반성할 것입니다.

2004년 "쉬테른"(Stern) 잡지의 기자가 인터뷰를 하면서, 수많은 독일인들은 메르켈 의장을 전쟁광이라고 하고, 사회민주당 슈뢰더를 평화를 사랑하는 총리라고 평가하고 있다는 사실을 넌지시 알려 주었다. 그러자 메르켈 의장은 현재 자신은 독일-미국과의 동맹관계를 유지하기 위한 매우 기본적인 입장을 취하고 있을 뿐이라고 응수했다. 그리고 부시 대통령이 정치적 판단을 잘못했는지에 대해서는 잘 모르겠다고 답변했다.

그리고 미국이 주장하는 "이라크의 대량 살상무기 소유"가 이라크 공격을 정당화하기 위한 날조된 정보라는 여론에 대해서는 매우 불쾌하다는 감성을 표현했다. 만일 그 사실이 허위 정보였다면, UN이 이라크 제재 결의를 통과시켰겠느냐고 반문했다. 그리고 만일 기독민주당-기독사회당 연합이 2002년 총선에서 승리했다면, 이라크 바그다드에 독일군을 파병했을 것이라는 비방이 난무했다.

그러나 메르켈 총리의 대미 외교는 실리적인 차원에서 진행된 것이지, 결코 추상적 이념에 근거한 것이 아니다. 총선 승리 이후 사회민주당과의 대연정을 주도하며 그동안 손상된 독일-미국의 우호적 관계 회복을 위해 노력하면서도, 관타나모(Guantanamo)와 같이 비인권적인 교도소는 폐지되어야 한다고 강력하게 주장한 것이 이를 증명한다. 이와 같은 총리의 정치적 행보에 어떠한 비판도 없었다. 동시에 메르켈과 부시 미국 대통령과 우호적인 관계는 지속되었다. 심지어 메르켈 총리가 부시 대통령과 회담 중, 쉬는 시간에 그의 목을 마사지 해주었다는 소식도 전해진다. 메르켈 총리가 부시 대통령에게 정원에서 고기를 먹으며 담소를 즐기는 그릴 파티에 초청하자, 부시도 답례 차원에서 자신이 휴가를 즐기는 크로포드 목장으로 초대하기도 했다.

그러나 메르켈 총리는 G8 회담 의장으로 활동하면서, 결코 부시의 정치적 입장을 대변하지 않았다. 부시 대통령에게 기후보존을 위한 미국의 최소한의 노력을 요청했으며, 또한 자유무역주의와 경제성장 정책을 일방적으로 추진하는 미국 정부를 과감하게 비판하기도 했다. 물론 미국의 이라크 공격에 대해 메르켈 총리가 지지하는 입장을 표명했을 때, 이는 공식적으로 외교 무대에 등장하는 중요한 계기가 되었다는 사실은 부인할 수 없다. 이것은 메르켈에게 정치인으로서의 이미지 형성에 기여하기도 했지만, 동시에 부정적인 영향도 초래하였다.

전체적으로 본다면, 메르켈 의장 시절 미국의 이라크 공격을 지지한 이유는 궁극적으로 이스라엘 안보를 위한 것이라고 생각된다. 이스라엘의 존재를 위협하는 아랍 세계의 최후의 적이 이란이라고 판단한 후, 미국의 이라크 공격이 이란에게 간접적인 선전포고의 의미를 지닐 것이라고 생각하여 지지했다고 정치 전문가들은 이해하고 있다. 즉 메르켈 총리의 이라크 공격 지지는 이스라엘 안보를 위한 일차적 조치였을 가능성이 높다.

다음에 나오는 메르켈 총리의 연설 속에서 이와 같은 의지를 엿볼 수 있다. 2008년 말 뒤셀도르프(Düsseldorf)에 있는 유대인 회당에서 이스라엘의 안보는 결코 이스라엘 스스로 해결해야 하는 정치적 사안

독일 총리로서는 처음으로 2008년 3월 18일 이스라엘의 예루살렘을 방문하여 국회에서 연설하면서 이스라엘의 불안한 안보상황에 관한 깊은 관심을 표명했다.

7장 평화를 만드는 사람들

이 아니며 국제적 공조를 필요로 한다는 강연을 하였다. 이미 지난 3월에 이스라엘 국회를 방문하여 같은 내용으로 강연한 적이 있었다.

메르켈은 역대 총리 중 처음으로 이스라엘 국회에서 연설한 총리로 역사의 한 페이지를 기록했다. 이스라엘 국회 초청 강연을 통하여 이란이 핵무장 정책을 포기하지 않는다면 이란에 대하여 결정적인 물리적 조치를 단행하겠다는 자신의 의지를 명확하게 표명했다.

또한 저널리스트 모임에 참석하여, 2차대전 때 발생한 유대인 학살 사건을 전면적으로 부정했던 주교의 파문을 로마 교황청에 요청하면서 독일의 친이스라엘 정책을 부각시킨 적도 있었다. 메르켈은 분명하게 자신의 입장을 밝혔고, 이 문제와 관련하여 공식적으로 교황청을 비판한 독일의 첫 번째 총리였다. 그러나 교황청은 메르켈 총리의 비판을 반박하며 더 이상 로마-가톨릭 교회의 입장을 명확하게 표현할 수 없다고 응수했다.

메르켈의 역사관은 분명했다

> 로마 교황청은 지난날 발생했던 유대인 학살 사건을 결코 부정해서는 안 됩니다. 우리는 기본적인 양심에 근거하여 이 문제를 생각해야 합니다. 홀로코스트(Holocaust)는 결코 부정될 수 없는 역사적 사실입니다.

2007년 11월 6일 독일에 거주하는 유대인들로 구성된 유대인 의회는 최고위원회 결정에 따라 베를린 브란덴부르크 정문에 있는 아들론(Adlon) 호텔로 메르켈 총리를 초청하여 레오벡 상(Leo-Baeck-Preis, 독일에 거주하는 유대인을 위하여 기여한 사람들에게 수여하

메르켈은 라이프치히 대학 시절 작곡가 비어만의 노래 테이프를 몰래 숨어서 들었다. 2007년 11월 레오벡 상(Leo-Baeck-Preis)을 수상한 메르켈에게 비어만이 축하 인사를 하고 있다. 옆에는 독일 유대인협회 회장 크놉로흐(Charlotte Knobloch)가 서 있다.

는 상)을 수여할 때 이 자리에는 상당수 명망가들이 참석하였다.

주목할 만한 사실은 지난날 동독에서 서독으로 망명했으며, 베를린 명예시민으로 추대된 후, 현재는 함부르크에 거주하는 작곡가 비어만이 낡은 외투를 입고 축사를 했다는 점이다. 그는 메르켈 총리를 위한 축사를 시작하면서 자신 또한 총리처럼 함부르크에서 출생했으며, 더 나은 독일의 미래를 만들기 위하여 총리의 아버지 카스너 목사와는 근본적으로 다르지만 동독으로 이주한 자신의 과거를 언급했다. 당시에는 사회주의 사회만이 인류를 구원할 수 있는 궁극적인 이

7장 평화를 만드는 사람들   101

념으로 생각했기 때문이었다.

본격적인 축사를 하기에 앞서 자신은 현재 총리와 소속 정당이 다르지만, 거대 보수여당 총리인 메르켈을 위해 축사하고 있음을 강조했다.

> 현재 우리는 서로의 정치적 이념이 다르지만 유사한 공통점이 많습니다. 이처럼 우리가 만난 것 자체가 매우 흥미롭습니다.

이는 형식적인 축사가 아니라, 진심에서 우러나오는 마음의 표현이었다. 메르켈 총리의 외교 정책, 이스라엘과 중동 문제, 전쟁과 평화, 인간의 권리 향상을 위한 정치적 노력은 개인적으로 고난에 찬 삶으로부터 연유한다고 언급했다.

비어만은 과거 사회주의로부터 자본주의로 사상적 전향을 한 인물로서, 과거뿐만 아니라 오늘까지 분단과 통일 독일의 현대사를 상징하는 인물이다. 그는 자신이 부시 대통령 부자가 일으킨 1999년 걸프만 전쟁과 이라크 전쟁을 지지했을 때, 사랑하던 소중한 친구들이 모두 떠나가 버렸노라고 마음의 상처도 고백했다.

비어만은 메르켈 총리가 현재 우리가 직면한 위험, 즉 이라크의 독재 권력 탄생을 간과할 수 있는 이상적 평화주의를 거부했다는 점을 강조하면서 수상자를 칭찬했다. 또한 2007년 메르켈 총리가 취한 입장, 즉 대다수 국민들이 이라크 공격의 근거인 대량 살상무기 보유가 날조된 정보이며 미국의 공격은 국제법을 위반한 것이라고 확신했을 때 총리가 취한 입장도 올바른 것이었다고 평가했다.

이렇게 비어만과 메르켈 총리에게는 적과 동지를 구별하는 것이 매우 중요했기 때문이다.

> 왜 수많은 유럽인들은 이스라엘을 그렇게도 증오하는가? 왜 유럽인들은 이스라엘이 중동지역의 유일한 민주주의 국가임에도 불구하고 위험한 전쟁광이라고 매도하는가? 미국에 대한 신경질적인 증오는 어디서 연유하는가? 저는 알고 있습니다. 존경하는 메르켈 총리에게 질문합니다. 메르켈, 당신의 고견을 말씀해 주십시오.

메르켈 총리 입장은 단호했다. 유럽계 유대인과의 우호적 관계, 이스라엘에 대한 절대적 지지, 미국과의 견고한 동맹관계… 등등.

비어만은 메르켈 총리가 자주 사용하는 표현을 다음과 같이 인용하였다.

> 우리의 역사를 회고한다면 평화는 그 무엇과도 환산될 수 없는 숭고한 가치를 지니고 있습니다. 따라서 우리는 전쟁을 최대한 피해야 합니다. 반면에 오늘날 우리는 왜곡된 급진적 평화주의가 재앙을 불러올 수 있다는 사실도 명심해야 합니다. 오히려 최종적인 순간에 단행되는 군사적 조치는 더 큰 재앙을 미리 방지하는 효과를 가져올 것입니다.

비어만은 중동문제에 대한 메르켈 총리의 단호한 입장이 루터의 대담했던 종교개혁운동 전통으로부터 유래한다고 주장했다. 그는 예수님께서 "오직 너희 말은 옳다 옳다, 아니라 아니라 하라"(마태복음 5장 37절)고 하신 말씀을 루터는 겸손한 마음으로 순종했는데, 메르켈 총리 또한 루터처럼 행동하고 있다고 평가했다. 즉 예와 아니오가 정확하다는 것이다. 비어만은 메르켈이 총리로서 올바른 외교 정치적 입장을 표명했던 대담한 행동에 대해 매우 흡족해 하였다.

그러면서 메르켈 총리가 2007년에 한 인터뷰를 인용했다.

> 우리는 우리의 생명을 위협하는 정치 세력이 있다면 결코 이를 묵인해서는 안 됩니다. 물론 상호간 협상을 통하여 문제를 해결해야 할 것입니다. 그러나 이란이 핵무장 정책을 포기하지 않는다면 우리는 이 문제에 대한 국제적 대응 방식을 더 깊게 고민해야 할 것입니다. 이란은 이스라엘을 위협하고 있기 때문에, 총리인 저로서는 결코 이 문제를 좌시할 수만은 없습니다. 이란은 중동과 유럽지역, 더 나아가 세계를 위협하고 있습니다. 우리는 이 문제를 해결해야만 합니다.

비어만은 메르켈 총리의 우호적인 대이스라엘 정책뿐만 아니라 기후보존에 무관심한 러시아에 대한 비판, 그리고 유럽연합을 주도하는 정치적 수완을 매우 높게 평가했다. 비어만은 메르켈이 도덕적으로 인정받는 정치인이 될 것이라고 확신했다. 원칙 없이 행동하는 기회주의적인 정치인이라고 비난받았던 메르켈 총리가 비어만에 의해 비로소 올곧은 신념을 가진 정치인으로 평가받은 것이다.

그는 메르켈 총리의 정치 스타일을 다음과 같이 감동적으로 표현한다.

> 2와 2를 더하면 4가 아니라고 대답해야만 살 수 있었던 동독 체제 안에서

물리학을 연구하던 한 여인이 마치 초등학교 선생님처럼 유럽 연합의 거물급 정치인들에게 정치인으로서의 지켜야 할 기본적인 도덕적 규범을 가르쳐 주었습니다.

2005년 메르켈이 총리로 당선되고, 슈뢰더가 낙선한 직후 기독민주당은 축제의 분위기에 휩싸였다. 그때 다음과 같은 생각이 아마 수많은 이들의 머릿속을 스쳐갔을 것이다.

> 빼어난 미모를 지녔지만 지적인 수준이 매우 미달되는 여배우보다, 미모는 평범하더라도 깊게 생각하며 진심으로 연기하려는 여배우가 훨씬 낫다.

8장
창조세계의 보존

2007년 6월 9일 쾰른 도이츠(Köln-Deutz)에서 개최된 개신교회 교회의 날 행사 참가자 약 5천여 명은 하일리겐담에서 G8 회담을 마치고 돌아온 메르켈 총리에게 갈채를 보내며 환영했다. 미국의 부시(Busch)와 러시아의 푸틴(Putin)을 비롯한 선진국 정상들과의 G8 회담에서 기후보존 정책과 제3세계 경제적 지원 및 자유무역주의에 관한 논의를 마치고 돌아오는 길이었다.

많은 이들은 메르켈이 마치 이 세계를 구한 사람처럼 열렬히 맞이했다. 메르켈 총리가 하일리겐담에서 개최된 G8 선진국 정상회담에서 자신의 중요 정책인 기후보존 정책을 지속적으로 제기하면서, 선진국 정상들에게 기본적인 공감대를 형성시켰기 때문에, 그때까지 메르켈 총리를 보수 정치인이라고 냉담하게 평가했던 사람들은 그를 다시 바라보게 되었다. 이 날 행사 참가자들은 메르켈 총리가 진보적인 기독교인이 되었다고 자평하면서 매우 기뻐했다. 이때 그들의 환호는 환상적인 오케스트라 음악과도 같았다.

행사 전 날 신자유주의와 세계화를 추진하는 G8 회담에 대한 비난 성명이 발표되면서 비판적 여론이 설득력을 얻어 가던 상황이었기 때문에, 메르켈 총리가 주도한 G8 회담의 성과가 오히려 빛을 더 발하는 듯했다. 하지만 메르켈은 이들의 환호를 액면 그대로 수용하지는 않았다.

한편 교회의 날 행사에 참가한 일부 기독교인들은 한 TV 방송국과의 인터뷰에서 총리가 독일 기독교인들의 입장을 G8 회담을 통하여 선진국 정상들에게 전달했다고 생각했기 때문에 최고 점수를 주고 싶다고 이구동성으로 말했다. 아마 이들은 메르켈 총리가 지구 온난화에 대한 대책을 강구할 것과, 가난 퇴치를 위해 노력해 줄 것, 그리고 선을 위해 악과 투쟁해 줄 것을 기대했기 때문에 인터뷰에 응한 것으로 보였다. 물론 이는 매우 순진한 바람일 수 있지만 이 모든 바람이 선한 열매를 맺을 수만 있다면 이들의 외침은 결코 공허한 것이 아니라고 확신한다.

그러나 마이크를 잡은 메르켈 총리의 첫 마디는 그들의 순진한 바람을 무산시키는 것처럼 들렸다.

역사가 진보할 것이라는 희망은 없습니다.

하일리겐담에서 개최된 G8 회담은 우리의 바람이 성취되기 위한 도약일 뿐이며, 이 사실 하나만으로도 성공적이라고 생각합니다.

메르켈의 환경부장관 시절로 돌아가 보자. 1994년 총선 이후 콜 총리는 많은 사람들의 요청으로 여성·청소년부장관 메르켈을 환경부장관으로 임명했다. 이때 메르켈도 환경부장관직이 물리학 박사로서 자신의 능력을 유감없이 발휘할 수 있는 절호의 기회라고 판단했던 것 같다. 왜냐하면 기독민주당의 핵심 정책 중에 환경보존에 관한 내용이 없다는 것을 알고 있었기 때문이다.

1995년 3월 16일 환경부장관이었던 메르켈이 연방의회에서 기후보존 정책에 대한 견해를 발표하면서 이 문제를 이슈화시켰다. 여기서 참고로 메르켈 총리의 핵심적인 정책 세 가지를 언급해야겠다. 첫째, 기후보존 정책, 둘째, 가족복지 정책, 셋째는 낙태 및 인간배아 줄기세포 연구와 관련된 생명보존을 위한 현실주의적 정책이다.

독일이 통일된 이후 전개된 메르켈의 정치 역정뿐만 아니라 동독사회에서 메르켈의 삶의 행적도 이 사실을 증명한다. 라이프치히 대학시절 기숙사에서 생활할 때 환경문제, 전쟁과 평화 및 정의의 실현에 대한 토론을 통해 자신의 지적 수준을 향상시켰던 경험이 있었다. 특히 그 당시 환경문제를 토론하던 그룹은 반체제 정치 의식이 강한 모임이었다.

2005년 총리로 취임하기 1년 전까지 메르켈은 자신의 가장 탁월한 업적을 1995년 130여 국가 대표가 참석한 UN 기후정책 회의를 주관하면서 "베를린 선언"에 대한 합의를 도출한 것이라고 자평했다(참고로 1992년 브라질 리오에서 환경문제에 관한 국가간 협의가 이루어진 이후, 1995년 베를린에서 처음으로 개최된 UN 환경국제회의(COP 1)는 매우 성공적이었다고 평가받고 있다. 이 선언으로 교토의정서 합의를 가능하게 하였다. 1997년 12월 일본 교토에서 개최된 제3차 유엔기후변화협약 당사국 총회(COP 3)는 교토의정서를 채택하였다. 이 의정서에는 2008 - 2012년 기간에 온실가스 배출량을 1990년 대비 평균 5.2%를 의무적으로 감축하는 내용이 들어 있다. 그리고 2009년 12월 7일에는 제15차 유엔기후변화협약 당사국 총회(COP 15)가 덴마크 코펜하겐에서 열릴 예정이다. 이 회의에서는 교토의정서가 종료되는 2012년 이후, 즉 2113년부터 적용될 온실가스 감축방안이 논의된다. 만약 메르켈이 주도한 베를린 회의가 없었다면 교토의정서 문건과, 코펜하겐 회의도 존재하기 어려웠을 것이다. - 옮긴이 주).

메르켈은 당시 젊은 환경부장관으로 130여 국가 대표들이 참여한 회의를 주관했는데, 이때가 국제회의를 진행한 첫 경험이었다. 그리고 메르켈은 본(Bonn)에 기후보존을 위한 국제기구를 설립하는 안을 결의하기도 했다. 이때의 활동으로 뉴욕타임즈는 메르켈 장관에게 "환경보존을 위해 최선을 다하는 여성"이라는 별명을 붙여 주었다. 그러나 교황청 대변인은 개발도상국에 대한 배려를 전혀 발견할 수 없었기 때문에 회의 결과에 부정적인 시선을 보냈다.

메르켈 총리는 1995년 베를린에서 개최된 환경문제 국제회의를 회상하며 다음과 같이 언급했다.

> 저는 베를린 국제회의를 통하여 이 세계에 존재하는 모든 문제를 목격한 것 같습니다. 환경문제, 빈부격차, 개발도상국, 유럽연합 등등…. 14일 동안의 국제회의를 통하여 저는 모든 참석자들의 신뢰를 얻었습니다. 그렇기 때문에 저는 성공적으로 회의를 마칠 수 있었습니다. 그래서 베를린 국제회의의 성공적 개최를 저의 최고의 업적이라고 생각합니다.[40]

메르켈 총리는 환경부장관 가브리엘(Sigmar Gabriel), 덴마크 수상 라스무센(Andreas Fogh Rassmussen)과 함께 2007년 8월 그린란드를 방문했다. 이때 "독일이여, 난파된 배를 구하라"는 글이 적힌 자켓을 입고 있었다. 빙산에 둘러 쌓인 선상 위에 서 있는 사진은 환경운동가로서의 정치적 이미지를 충분히 구축했다.

메르켈은 총리로 취임한 후, 2005년 뮌헨에 있는 가톨릭 교회 아카데미 하우스에서 행한 강연에서 지난날 어떤 마음가짐으로 여성·청소년부장관과 환경부장관직을 수행했는지 다음과 같이 고백했다.

> 제가 지난날 콜 총리 내각의 여성·청소년부, 환경부장관으로 기독민주당과 함께 일할 수 있었다는 사실을 매우 기쁘게 생각합니다. 앞으로도 저는 기독민주당이 대답하기 어려운 과제가 우리 앞에 산재해 있다고 믿습니다. 기독민주당이 국민 앞에 한 발 더 가

까이 다가가기 위해서는 산적한 이 과제들을 중요하게 생각하여 추진해야 할 것입니다. 물론 우리는 독일 국민의 모든 희망사항을 완전히 충족시켜 줄 수는 없습니다. 그렇지만 우리는 책임의식을 가지고 최선을 다해야 할 것입니다. 이것이야말로 새 시대를 맞이하는 기독민주당이 국민을 대하는 올바른 자세라고 생각합니다.

헬무트 콜 내각의 중요한 정치적 과제는 원자력발전소의 안전성을 확보하는 것이었기 때문에 1986년 체르노빌 사건 이후에 환경부를 신설했다. 그래서 환경부장관은 핵에너지의 필요성을 홍보하는 동시에 방사능 유출을 예방하는 작업에도 집중해야 했다. 그리고 환경보호를 위해 산업 및 경제성장의 속도를 늦추어야 하는 과제도 담당해야 한다.

그래서 메르켈은 이 과제를 효과적으로 수행하기 위하여, 전임 환경부장관이 구상한 "창조세계의 보존"이라는 표현을 빌려 자신의 환경정책을 홍보해 나갔다. 이 모토는 1989년부터 기독민주당-기독사회당 내부에서 공식적으로 사용되기 시작한 것이다. 물론 이는 교회의 정치적 입장을 대변하는 당내 비판 그룹을 설득하기 위하여 차용한 개념이기도 했다. 즉 메르켈이 추구하는 환경정책과 교회 입장이 대립되었기 때문에, 교회에서 주로 사용하는 개념을 활용함으로 자신의 환경정책에 대한 교회 지지를 확보하려고 시도한 것이었다.

1998년 총선에서 기독민주당이 패배하자 사회민주당-녹색당 소속 의원이 환경부장관에 임명되었다. 그러자 메르켈이 중점적으로 추진했던 핵에너지를 활용한 미래 에너지 사업 계획은 수포로 돌아갔다. 왜냐하면 환경보존을 모토로 하는 녹색당은 메르켈의 사업 계획을 찬성하지 않았으며, 슈뢰더 총리도 현존하는 원자로를 폐기하려고 했기 때문이다. 그러나 메르켈은 총리로 취임한 이후, 지난날 환경부장관 시절에 구상했던 환경보존과 대체 에너지 개발 정책을 복원하였다. 그리고 현재는 원자로 사용 기간을 연장시키기 위하여 노력하고 있다.

다시 메르켈이 총리로 재직하던 2007년의 상황으로 돌아가 보자. 메르켈 총리는 환경 정책뿐만 아니라, 인권 문제에서도 자신의 목소리를 내었다. 대표적인 것이 중국 정부와 불편한 관계를 예상하면서까지 독일 총리 중 처음으로 달라이 라마를 초청한 것이다. 이와 관련하여 이후 중국인들은 2008년 베이징 올림픽을 관전하지 않은 메르켈 총리가 티벳의 자유를 묵살한 중국 정부를 비난하기 위한 것이었다고 생각하게 되었다.

그리고 메르켈 총리는 쿠바에 있는 관타나모 감옥의 인권 탄압 현실에 대해서도 침묵하지 않았다. 그래서 만약 관타나모 죄수가 독일로 도주한다면 충분히 도와줄 수 있다고까지 언급한 것이다. 이것은 사회주의 체제 속에서의 삶의 체험이 인권이 유린되고 있는 관타나모 감옥을 비판할 수 있게 한 중요한 동기가 되었을 것이다.

2005년 메르켈의 총리 취임이 확정되었을 때, 뮌헨에 있는 가톨릭 아카데미에서 핵심 당원들에게 간곡하게 당부했던 강연 내용을 들어 보자.

> 여러분께서 현재 그들의 삶에 깊은 관심을 가지고 있다면, 제가 다른 나라의 인권 상황에 주시하고 있다면, 우리가 이 부분에 대하여 소극적인 자세를 취하는 것은 매우 잔인한 행동이 아닐까 생각합니다.

2008년 8월 미국 대통령 오바마와 함께 담소를 나누고 있다. 이 두 사람은 지구의 온난화 현상을 막기 위하여 함께 노력할 것을 다시 한번 확인했다.

2006년 말 교황 베네딕트 16세는 아프리카에 대한 적극적인 관심을 요청하며, 유럽연합과 선진 8개국 정상회담 의장으로 활동하게 된 것은 하나님께서 주신 유일한 기회라는 내용의 친서를 메르켈 총리에게 보냈다. 그러나 교황이 한 국가의 수장에게 친서를 발송하고 또 이것을 공개한 것은 매우 이례적인 사건이었다. 외교 전문가들은 교황과 메르켈 총리 사이에 모종의 합의가 있었기 때문에 교황과 총리의 친서가 모두 공개된 것이라고 논평했다.

이 친서에서 교황은 제3세계 가난 퇴치를 위한 메르켈 총리의 정치적 노력을 칭찬하면서 G8 회담 의장 지위를 제3세계 가난 퇴치와

8장 창조세계의 보존   113

저개발국 부채 탕감을 위해 효과적으로 활용할 것을 권유했다. 그리고 베네딕트 16세는 2006년 8월 28일 자신의 고향인 바이에른 지방을 방문하기 며칠 전 여름 별장에서 나눈 메르켈 총리와의 담소 내용도 구체적으로 언급했다. 동시에 교황은 독일 정부가 선을 추구하는 정치를 구현할 것을 요청하면서, 최종적으로 제3세계 경제지원 정책에 관한 자신의 입장을 다음과 같이 밝혔다.

> 긴급한 국가적 관심사에 의해 시행이 유보되고 있는 부분에 대하여 언급하고 싶습니다. 이것은 인간의 존엄성을 보존하기 위한 도덕적 과제, 예를 들어 인류를 존속하게 하는 가족에 대한 가치를 지켜 나가는 것입니다. 아울러 지구화로 인해 발생될 수 있는 극심한 빈부격차의 문제에 관하여 관심을 기울여야 합니다.

결론적으로 교황청은 메르켈 총리가 기독교적 가치 구현을 위한 정치활동을 전개하고 있음을 친서를 통해 인정한 것이다. 그래서 교황이 총리에게 보낸 편지의 마지막 말은 단순한 외교적 수사라고만 볼 수는 없다.

> 저는 G8 정상회담과 메르켈 총리가 주도하는 유럽연합을 위하여 하나님의 축복을 기원함으로, 총리에 대한 최고의 평가를 했다고 생각합니다.

메르켈 총리는 채무상환, 국제교역 시장의 투명성, 개발도상국 문제와 같은 정치 문제에 대한 교황의 권고를 수용하면서, 개발도상국의 경제지원 정책을 자신의 주요한 정치적 과제로 설정했다. 2008년 초 라틴아메리카 방문을 비롯한 수많은 해외 순방이 이를 증명한다. 순방 도중 베네수엘라 차베스(Hugo Chávez) 대통령을 만나, 짧은 시간 동안 담소를 나누었는데 이 때 차베스는 만나자마자 메르켈 총리를 비판했다고 한다.

이때 메르켈 총리의 라틴아메리카 순방은 그곳의 열악한 경제적 상황을 살펴보고, 이후 지원 대책을 찾으려고 한 것이었다. 이 순방에는 가톨릭 교회 "개발도상국 지원국" 책임자인 자이어(Josef Sayer)가 수행했는데 그는 총리의 개발도상국에 대한 관심을 칭찬하면서도, 이를 정치적으로 이용하지 말 것을 권고했다. 그러면서도 자이어는 메르켈이 자신의 정치적 이미지를 미화시키기 위해 제3세계 가난 퇴치라는 모토를 사용하지 않을 것이라고 확신했다.

2008년 말 자이어는 메르켈 총리와 이 문제에 관한 대화를 나눈 적이 있었다. 이 때 그는 세계 금융위기 속에서도 개발도상국 경제 상황에 대한 관심을 포기하지 않은 총리에게 진심으로 감사의 마음을 표했다.

그러나 2007년 메르켈 총리가 G8 회담 의제로 아프리카 문제를 설정한 것에 대해 칭찬하면서도 회담 성과에 대해서는 불만족스러운 부분이 있다고 평가했다. 왜냐하면 개발도상국의 기후보존 정책에 대한 배려 없이 단지 에이즈 퇴치 문제만 토론되었기 때문이다.

뿐만 아니라 메르켈 총리는 2008년 1월에 아프리카 대륙의 평화정착과 에이즈 퇴치 운동을 전개하고 있는 가톨릭 평신도 단체인 '산트에기디오(Sant'Edigio)' 의장 리카르디(Andrea Riccardi)를 만나 아프리카 대륙을 위한 유럽사회의 장기 지원책을 논의하였다. 산트 에

디기오는 2008년 외무부의 지원 아래 평화운동을 위해 설립된 교회 조직으로서, 리카르디는 2009년 독일 아헨(Aachen)에서 유럽연합을 위해 기여한 사람에게 수여하는 칼 대제상(Karlspreis)을 수상했는데 메르켈 총리도 1년 전에 이 상을 수상한 바 있었다.

여기서 필자가 강조하고 싶은 것은 메르켈 총리를 통하여 개발도상국 경제지원 문제가 독일 외교 정책의 핵심 사안으로 부상했다는 사실이다. 메르켈 총리는 자신이 추구하는 정치적 목표를 달성하기 위하여 직접적인 표현보다 상징적이면서도 암시적인 정치적 행위를 선호하는 것 같다. 현실적으로 드러나는 정치적 이익을 계산한다면 이렇게 행동할 수 없다. 오히려 장기적인 전망을 가지고 자신에게 돌아올 긍정적인 도덕적 평가에 대하여 깊게 고민한 흔적이 보인다.

대표적인 두 가지를 예를 들자면,

첫째, 2007년 유럽연합 헌장을 제정하면서, 서두에 유럽연합은 기독교 신앙에 입각하여 세워진 국가연합체라는 사실을 명시할 것을 제안했다. 물론 이 제안이 수용되지는 않았지만, 메르켈의 확고한 기독교 신앙관을 엿볼 수 있는 이 사건은 총리가 상징적인 정치적 발언을 상황에 맞게 할 수 있는 사람임을 증명했다.

둘째, 메르켈이 티벳의 정신적 지도자인 달라이 라마를 초청한 사실 또한 이와 같은 맥락에서 이해될 수 있다. 이는 티벳의 인권 탄압 현실을 걱정하는 국제사회의 목소리를 전달한다는 취지 아래 중국 정부가 티벳의 독립을 보장해야 한다는 것을 상징적으로 촉구한 것이었다.

9장
교회생활―기도와 찬양

 메르켈 총리는 찬양하는 것을 매우 좋아한다. 사람들은 흔히 성탄절 때 정부청사에 입장하는 어린이 성가대를 총리가 맞이하는 경우, 그리고 가톨릭 교회 행사와 정치인들이 참여한 예배에서 찬양하는 모습을 볼 때 연출된 것이라고 추측한다.

 그러나 이것은 사실과 다르다. 메르켈 총리가 온 마음을 다해 찬양하는 동안 다른 정치인들은 예배당에 앉아 졸고 있는 모습이 자주 목격될 때가 있다. 그리고 총리는 찬양가사를 대부분 외우며, 새로운 찬양곡을 알게 될 때면 어린아이처럼 매우 즐거워 한다.

 성탄절이 다가올 때면, 동방박사 복장을 갖춘 어린이들이 정부 청사를 방문한다. 독일의 모든 가톨릭 교구는 대표단을 정부청사에 파견하여 예수님의 탄생 소식을 전하면서 헌금을 요청한다. 이와 같은 전통은 통일되기 이전 수도였던 본(Bonn) 정부 청사에서 시작된 것으로, 화려하게 치장한 총리가 다양한 복장을 하고 방문하는 어린이들을 환영한다. 그러면 회색 빛 정부청사와 어린이들의 환한 웃음이 묘한 대조를 이룬다. 슈뢰더 총리는 이 전통을 전폭적으로 수용했는데, 메르켈 총리도 기쁘게 반겼다.

메르켈은 성탄절 찬양을 부를 때면 거의 악보를 보지 않는다. 성탄절 축하 가톨릭 방문단을 맞이한 총리가 성가대원으로 함께 참석하여 악보 없이 거의 완벽하게 찬양을 부르자, 주위에 있던 카메라 기자, 사진작가, 어린이들은 모두 탄성을 질렀다.

1991년 자신의 신앙생활에 관하여 다음과 같이 언급했던 메르켈의 인터뷰가 떠오른다.

> 내가 목사관에서 어린 시절을 보냈다는 것만으로도 저의 신앙이 자연스럽게 형성되었다고 말하기에는 곤란해요.[41] 하지만 저는 유한한 현 세계를 초월하여, 우리가 하나님 혹은 그 이상의 위대한 것이라고 부를만한 무엇인가가 존재한다고 믿어요. 이 원리에 우리가 순종할 때만 자신의 능력을 발휘할 수 있다고 믿지만, 저는 오히려 우리에게 행복할 날보다 불행한 날들이 더 많다고 생각하며 좌절할 때가 있었어요. 그러나 교회는 저에게 항상 평온한 삶을 살 수 있도록 도와주기 때문에 희망을 품는 답니다. 따라서 저는 인간적 한계를 느끼면서 그 안에서 번민하지만, 교회는 저의 막연한 삶의 불안감을 해소시켜주며, 저에게 희망을 품을 수 있도록 도와준답니다. 한 인간이 죄를 지을 수도 있으며, 또한 타인의 죄를 용서해야 한다는 신앙의 진리는 저의 마음을 항상 편안하게 만들어 줍니다. 만일 그럴 수 없었다면 아마 우리는 미쳐버렸을 거예요.

제가 물리학을 연구하고 있었을 때, 저는 교회 안에서 이성적인 것을 추구하지 않았어요. 왜냐하면 목사님의 설교는 더 이상 저의 이성적인 부분을 자극하지 않았으니까요. 오히려 교회는 저의 감성을 충족시켜 주었답니다. 그래서 저는 교회 안에서 찬양하는 것을 매우 좋아했습니다.[42]

메르켈 총리는 어린 시절 동생들과 함께 템플린에서 성가대원으로 봉사했다. 얼마 전 TV 인터뷰에서 어린이 성가대에서 봉사했던 시절

2차 대전 때 연합군의 폭격으로 붕괴된 드레스덴 프라우엔교회(Dresdener Frauenkirche)가 이전의 모습을 회복한 후, 2005년 10월 완공 기념 감사 예배를 드릴 때 메르켈 총리가 함께 예배드리는 모습이다.

9장 교회생활―기도와 찬양

을 그리워한다고 언급했다. 지금도 식사준비를 하거나 설거지를 할 때는 찬양을 부르면서 즐거워한다. 그렇지만 다른 사람들과 함께 찬양을 부를 때면 형언할 수 없는 기쁨의 충만을 느낀다고 고백하였다.

더 나아가 메르켈 총리는 찬양을 단순한 흥얼거림이 아니라 자신의 신앙 표현과 고백으로 이해하며, 찬양의 기쁨을 고이 간직하기 위해서는 이성적 차원의 신앙교육이 중요하다고 생각한다. 만일 우리가 기독교 신앙 유산을 이성을 통하여 습득하지 않는다면, 함께 찬양을 부르며 즐거워하는 일이 불가능해질 수 있다고까지 생각한 것이다. 이성적으로 하나님을 알아가고자 노력할 때, 감성적인 차원에서 하나님을 만나는 충만한 기쁨을 체험할 수 있다는 것이 메르켈 총리의 지론이다. 여기서 찬양은 이성적인 신앙교육의 감성적인 표현이라는 논리가 성립된다.

2004년 기독민주당 개신교 노동자위원회 총회에서 메르켈 의장은 다음과 같은 발언을 하여 찬사를 받은 적이 있었다.

> 저는 신앙의 진리를 명료하게 요약한 찬양을 열심히 부릅니다. 새로운 찬양이 들리면, 즉시 그 세계에 몰입합니다. 저는 찬양의 목마름을 간절하게 느끼고 있어요. 찬양을 통하여, 잔잔한 신앙의 향기를 흡입합니다.[43]

그러면서도 신앙은 신앙이며 정치는 정치이지, 결코 정치를 위하여 신앙을 포장하고 싶지는 않다고 고백한다. TV 잡지 "빌트보헤"(Bildwoche)와의 인터뷰에서 메르켈 총리는 자신의 기도 제목이 결코 정치적으로 성공하는 것은 아니라고 항변했다.

제가 정치적인 목표에 도달하기 위하여 기도한다면 그것은 정직하지 못한 일입니다. 오히려 하나님께 항상 하루 하루를 열심히 살아갈 수 있도록 능력과 건강을 주실 것을 기도드립니다. 나머지 부분은 제가 채워야겠지요.

기독민주당 의원들은 전통적으로 교회 예배에 참석한 후에 의원총회를 개회한다. 그러나 입당했을 때 메르켈은 이런 문화적 습관을 수용하기 힘들었다. 더욱이 지금도 메르켈 총리는 TV로 중계되는 베를린 돔성당 예배의 앞 좌석에 앉는 것을 매우 부담스러워 한다.

그래서 일부 저널리스트들이 메르켈 총리는 독실한 기독교 신앙인이 아니라고 하지만 이는 메르켈의 신념, 즉 신앙과 정치 영역이 분리되어야 한다는 의지 때문이라는 사실을 기억하지 못하기 때문이지 진실은 이와 다르다.

메르켈 총리는 정치적인 목적을 가지고 예배에 참석했던 전임 슈뢰더 총리와는 다르게 행동하고 싶어한다. 그리고 하나님께 드리는 예배를 매우 소중하게 생각했기 때문에 자신이 예배드리는 태도에 대한 언론의 평가에 거의 신경 쓰지 않았다. 왜냐하면 신앙은 자신을 위한 것이기 때문에 예배를 통한 하나님과 자신의 영혼의 만남을 정치적인 의도로 포장해서는 안 된다고 생각하기 때문이다. 이렇게 메르켈 총리는 항상 기독교 신앙의 본질적 의미만을 추구하고 싶어하는 것 같다.

신앙을 통하여 저는 항상 저를 짓누르는 삶의 부담감으로부터 자유로움을 느낍니다. 또한 예배를 드리면서 부르는 찬양을 매우 좋

아합니다. 찬양 또한 저에게 벅찬 삶의 희망을 안겨 주기 때문입니다.[44]

2005년 하노버에서 개최된 개신교회 교회의 날 행사에서 메르켈 의장은 평소 즐겨 묵상하는 구약성경 말라기 예언서를 인용하며, 현재의 독일 기독교인들이 소홀히 하고 있는 교회생활을 강하게 비판했다. 이를 통하여 자신의 확고한 신앙관을 열정적으로 선언하고 싶었는지도 모르겠다.

> 대부분의 유럽인들이 마치 하나님의 존재를 부인하는 무신론자처럼 살고 있지는 않습니까? 구약시대 예언자 말라기는 이스라엘 백성들이 그들을 구원하신 하나님을 기억하기 원했습니다. 오늘날도 마찬가지입니다. 저는 이와 같은 예언자 말라기서의 시대적 배경이 오늘날과 유사했을 것이라고 생각합니다.
>
> 우리 독일사회 내의 기독교인들에게 사회적-정치적 책임에 대한 윤리적 의식을 각성하는 작업이 필요하지만, 예배에 참석하지 않는다면 과연 우리가 살아 있는 기독교 신앙인이라고 자부할 수 있겠습니까?

신실한 기독교인이 아니라는 비난에도 불구하고 결코 자신의 신앙고백을 공개하지 않았던 메르켈 총리가 주일예배 참석을 태만하게 생각하는 독일 기독교인들을 강도 높게 비판한 것이다. 기독교를 단순히 도덕적 차원의 명령이나, 예배에 참석하지 않고도 사회적 실천을 통해 자신의 신앙을 증명하려는 이들에게 예배는 매우 중요한 것이며 우리의 신앙은 정치적 실천과는 분리되어야 한다고 강조했던 것이다. 다시 말하면 사회개혁운동에 참여하는 것이 기독교 신앙을 지키는 것과 동일하다고 판단하여 예배드리지 않는다면, 이는 매우 위험한 행동이라고 비판한 것이다.

메르켈 총리에 의하면, 하나님의 사랑을 체험하는 예배는 우리가 경건한 마음을 품을 수 있도록 도와주며 기도하게 한다. 이미 언급한 것처럼 교리문답과 성경공부를 통하여 복음의 진리가 내면화되고, 이후 벅찬 구원의 감격 속에서 드리는 예배와 찬양을 통하여 이를 깊이 확신하게 된다는 것이다.

더 나아가 그날 하노버 강연에서 메르켈 총리는 다음과 같은 파격적인 주장을 하였다.

> 우리가 어떻게 기독교인으로서의 정체성을 확립하며 보존할 수 있습니까? 그것은 살아 있는 신앙, 예배의 감격을 느끼는 삶을 통해서만 가능합니다. 따라서 우리는 후세에게 신앙의 전통을 올바로 전달하기 위해 진정으로 하나님께 예배드릴 수 있도록 노력해야 할 것입니다.

가톨릭 교회 주교단은 이 문제에 대한 논평을 자제했다. 정통한 소식통에 의하면 메르켈은 가톨릭 교회의 화려한 미사예식을 상당히 낯설어 한다. 그럼에도 메르켈은 신앙에서의 이성 역할을 강조하는 교황 베네딕트 16세를 높이 평가한다. 또한 요한 바오로 2세의 장례식과 교황 선출 과정을 매우 감명깊게 지켜 보았다. 왜냐하면 당시에는 슈뢰더 총리 및 내무부장관 쉴리(Otto Schily)와 메르켈 사이의 정치적 갈등이 고조된 상태였기 때문에 전임 교황의 장례식과 신임 교황 선출 과정(Kirchenoberhauptes)이 보여준 가톨릭 교회의 질서정연한 모습이 매우 이례적인 세계사적 사건으로 인식되었기 때문이다.

마지막으로 메르켈이 제일 좋아하는 성경구절과 이에 대한 묵상을 소개하고자 한다.

> 믿음, 소망, 사랑 중에 사랑이 제일이라" (고린도전서 13장 13절).

> 신앙은 하나님만을 의지하는 것이며, 견고한 하나님 신앙 속에서 인간은 피난처를 찾을 수 있습니다. 이와 같은 신앙의 희망을 통하여 하나님만이 우리를 구원하실 수 있음을 굳게 믿습니다. 그럼에도 불구하고 이 사실을 현재 우리의 이성으로는 파악할 수 없습니다. 하나님의 사랑이야말로 그 분께서 우리와 함께 하신다는 진리를 체험하게 합니다. 사랑을 통하여 우리는 마음을 서로 열고 보살피게 됩니다. 하나님의 사랑 안에서 우리는 하나가 됩니다. 하나님의 사랑이 없다면, 우리의 삶은 참된 목적을 상실하게 될 것입니다.

10장
기독민주당이 추구하는
숭고한 기독교적 가치에 대한 진지한 성찰

2004년 7월 17일 메르켈 의장은 베를린에 거주하는 당직자들을 자신의 50세 생일 파티에 초대했다. 이 초대장에는 "인간의 뇌-복잡한 조직 체계로 구성된 자율적 폐쇄 조직, 베를린 시민들을 위한 특별 강연"이라는 주제가 예정되었다는 내용이 있었다. 그러나 이미 시내에 있는 강연 포스터를 보았던 당직자들은 의장의 초청에 별 관심을 주지 않았다. 그렇지만 메르켈이 주최한 행사는 현역 정치인들보다 언론의 관심을 더 많이 받았다.

메르켈 의장이 직접 준비한 생일 파티의 1부 순서인 강연회 발표자는 뇌 연구자인 징어(Wolf Singer)였는데, 그는 파워 포인트와 영어를 구사하며 강연을 진행했다. 징어는 뇌의 의식적, 무의식적 영역을 집중적으로 연구하는 유명한 뇌 연구자로서, 자연과학적 지식을 정치, 경제적 문제에 적용하는 남다른 창조성을 지니고 있었다.

자유의지에 관한 환상을 폐기해야 한다고 과감하게 주장했던 그날 징어의 도발적 강연은, 다른 식으로 비유하면 능숙한 조련사가 주는 음식만 습관적으로 받아 먹던 베를린 동물원의 동물들이 직접 음식을 해 먹을 수 있는 방법을 배우게 하도록 의도하고 있었을지도 모른다.

인간이 자유의지를 가지고 행동한다는 사실은 환상일 뿐입니다.
이미 결정된 뇌 구조를 통하여 인간은 행위할 뿐입니다.

이 날 생일 파티에 초대받은 발표자가 인간의 자유의지를 과소평가하는 발언을 과감하게 할 때, 강연을 듣고 있던 많은 참석자들은 메르켈의 생일 파티가 장난같다는 느낌을 지울 수 없었다고 하였다. 더욱이 자유민주당(FDP) 의장인 베스터벨레(Guido Westerwelle)가 자신은 동성애자라고 소개하면서 분위기는 묘하게 변했다.

징어의 강연은 인간의 뇌가 진화하면서 현대사회 안에서 종교는 소멸되고 교회가 해체될 것이라는 예언으로 결론을 맺었다. 강연 도중에 그는 기독민주당이 새로운 의미의 기독교적 가치를 추구하지 않는다면, 앞으로 진로를 개척할 수 없다는 것을 암시적으로 언급하기도 했다. 더 나아가 기독교적 가치의 핵심 내용인 '개인적 자유'를 현대적 상황 속에서 재해석하지 못한다면, 기독교의 존재 가치는 무의미하게 될 것이라는 경고를 한 셈이다. 이데올로기적인 기독교의 개념, 즉 과거의 기독교 이해에만 집착한다면 오늘날 새로운 기독교적 가치의 의미를 발견할 수 없다는 것이다.

이 날 징어의 강연은 기독민주당이 기독교적 가치의 의미를 새롭게 발견함으로써 자기 정체성 확립을 요청하고 있으며, 메르켈 의장이 이 작업을 도발적으로 시도했다는 것을 미루어 짐작할 수 있는 매우 독특한 경험이었다.

메르켈이 이것을 위하여 매우 파격적인 강연자를 초빙한 것으로 보인다. 고의적으로 논쟁거리를 제공하면서, 이후에 일어날 파장을 예상하며 자신이 전달하려는 중요한 메시지를 암시적으로 피력한 것은 아닐까?

이 날 독특한 분위기의 생일 파티가 끝난 후 다양한 논평들이 언론에 소개되었다. 과학기술부장관 샤반은 "진보의 정점은 보수다"라는 역설적 테제를 강조하며 실제로 인류문명의 진보를 주도하고 있는 이들은 보수주의자라고 하면서, 진보에 대한 환상을 극복할 것을 주문했다. 어떤 사람은 징어 강연의 정치적 결론은 획일적 사회구조에 대한 거부이며, 인간의 자유가 제일 중요하다는 사실을 함의하고 있다고 평가했다.

《독일을 바꾼 기다림의 리더십》(*Die zwölf Gesetze der Macht. Angela Merkels*)[45]을 저술한 슈마허는 인간은 소폭의 진보만 성취할 수 있는 존재이기에, 메르켈이 주장하는 것처럼 자유의지에 근거하여 구성된 거대한 진보담론을 폐기하고, 이데올로기를 초극한 개인의 자유가 증대되는 생활정치를 지향해야 한다고 논평하기도 했다.[46]

이런 평가를 예측한 듯, 이 날 행사의 주인 메르켈은 여성잡지 "브리기테"(Brigitte)와의 인터뷰에서 징어의 강연을 통하여 인간의 뇌 연구 결과를 인간의 삶과 정치에 적용할 수 있는 계기를 발견했다고 말하면서 최고의 만족감을 표시했다. 그러면서도 또 다시 의미심장한 질문을 던졌다.

매우 매력적인 현대 뇌 연구 분야는 오늘날 수많은 실험 결과들을 산출했습니다. 그런데 저는 왠지 무한한 우주 한 가운데 있다는 느낌을 종종 받습니다. 그러면서 한 가지 드는 생각은 우리는 우주 안에 있지만 하나님을 볼 수는 없다는 것이지요. 제 생각으로는 뇌 연구자들이 자유의지 문제를 철학자들에게 넘겨 주시는 것이 좋을 것 같아요. 하나님의 존재를 증명하는 것처럼 매우 어려운 일이니까요. 저는 자연과학을 공부했던 사람으로서, 꼭 이 문제를 해결해야겠다는 압박감이 없습니다. 그래서 그런지 정말 편안합니다.

이는 동독에서 학교 다닐 때 선생님이 주로 사용하던 화법이었다고 한 친구가 말해 주었다. 당시 메르켈을 가르치시던 선생님은 인간의 이성으로는 도저히 해결할 수 없는 문제와 관련하여 이런 논증 방식을 사용하면서, 학생들의 관심을 유도했다고 한다.

이제부터는 기독민주당의 모토인 '기독교적'이라는 개념에 대해 메르켈은 어떻게 생각하는지 알아 보자.

현재 콜 총리 시대를 지나 새로운 지도자를 맞이한 기독민주당의 대다수 핵심 당원들은 동독 출신의 기독교인 때문에 기독민주당이 대다수 동독지역의 무신론자들처럼 타락하지 않을까를 고심하고 있다. 기독민주당 가톨릭 교인들은 동독 출신인 메르켈의 신앙에 대해 지금도 의심하기 때문이다.

반면에 기독민주당이 추구하는 기독교적 가치가 현재 변화하는 시대상에는 별로 적합하지 않다고 생각하는 입장도 존재한다. 따라서 미리 해답을 전제한 토론이 아니라, 실천적인 차원에서 이에 관한 해답을 찾아 나가는 과정이 요구된다고 필자는 생각한다.

2000년 메르켈은 의장으로 선출되면서, 기독민주당을 구성하고 있는 세 가지 이념적 뿌리에 관해 언급했다. '기독교 보수주의, 기독교 사회주의, 자유주의'이다. 세 가지 흐름을 통합하기 위하여 메르켈 의장은 'C', 즉 기독민주당의 명칭이 시작되는 첫 번째 알파벳(Christlich Demokratische Union)에 관심을 집중해야 한다고 제안했다. 왜냐하면, 'C'로 상징되는 기독교적 가치는 단순한 이념적 근거가 아니라 핵심으로서, 근본적인 상위 개념이기 때문이다.[47]

이와 관련하여 다음과 같은 사항을 강조했다. 교회사 전통 속에서 사회주의 이념을 수용하며 발생했던 진보적 신학운동의 경우, 결과적으로 사회운동과 기독교적 가치가 혼용되면서, 즉 예수 그리스도와 칼 맑스를 동일시하면서 영향력이 급격하게 감소되었다. 이를 교훈 삼아 우리가 자유시장 경제체제를 지향한다면, 이는 분명하게 "기독교적 가치"의 영역 내에 존재해야 하지만, 그럼에도 불구하고 상호 간 혼용되어서는 안 된다고 주장하였다.

메르켈 의장은 50세 생일을 맞아 바티칸 라디오 방송에 출연하여 독일사회와 기독민주당-기독사회당 연합 당원 및 지지자들의 세속화된 신앙을 보면서 "기독교적 가치"에 대해 진지한 고민을 시작하게 되었다면서, 자신의 모든 고민은 기독민주당의 첫 글자인 'C'에 집약되어 있다고 강조했다.

> 21세기에는 기독교인의 숫자가 감소할 것이기 때문에, 우리에게 C는 새로운 의미 부여를 요구할 것입니다. 기독민주당은 인구 밀집 지역에서 교회에 출석하지 않는 시민들, 특히 여성들의 지지를 받

아야 합니다. 이 사실을 부정한다면 기독민주당의 미래를 불안하
게 만드는 것이나 다름 없습니다.[48]

기독민주당은 비기독교인들이 참여할 수 있도록 문호를 개방해야
한다. 기독민주당 내부에서 무신론자가 배제되어서는 안 될 것이며,
유대인, 이슬람교인 또한 존중받아야 한다. 더 나아가 다음과 같은 역
논리, 메르켈 의장 또한 비신앙인의 반열에 속해 있을 수 있음도 고려
되어야 한다. 즉 기독교인 스스로 기독교인과 비기독교인을 구별하
면 안 된다는 것이다.

이런 파격적인 메르켈 의장의 주장으로 기독민주당 내부가 술렁거
렸으며, 이에 근거하여 전향적인 가족복지 정책, 이민자 정책, 동성애
자 문제, 생명윤리에 관한 정치적 입장이 공공연하게 토론되었는데,
다원화된 현대사회의 상황을 가톨릭 교회가 인정해야 한다는 의견으
로 모아졌다.

일부 핵심 당원들은 현재 기독민주당의 가톨릭 신자들이 감소하면
서, 절망감에 빠져 있던 주교들이 메르켈 의장의 도전적인 발언에 자
극을 받아 오히려 미래에 대한 희망을 품게 되었다는 사실을 전하면
서 매우 긍정적으로 생각했다.

2003년 교황청을 기독민주당 의장 자격으로 처음 방문했을 때, 메
르켈은 교황 바오로 2세를 예방하는 것 외에도 독일 출신 라칭어
(Joseph Ratzinger, 이후 교황 베네딕트 16세가 됨) 추기경을 만나 기
독교인의 정치 참여에 대해 깊은 대화를 나누었다. 실용적 가치를 추
구했던 메르켈이 기본적인 원칙, 즉 기독민주당의 기독교적 가치 실
현이 핵심적인 정당 이념이 되도록 노력하겠다고 약속했으며, 추기

경도 메르켈 의장의 입장을 이해하며 동감하였다.

이 만남을 계기로 라칭어 추기경은 메르켈 의장이 낯선 이방인의 땅으로부터 이주한 비기독교인이라는 편견을 더 이상 갖지 않게 되었고, 자연스럽게 신앙과 정치의 분리를 주장하는 메르켈의 생각을 알게 되었다고 한다. 즉 교회는 기독교인들을 위하여 존재하며 일차적 과제는 선교이지 결코 정치가 아니라는 것이었다.

2005년에는 쾰른에서 개최된 세계 가톨릭교회 청년의 날 행사에 메르켈이 기독민주당 의장 자격으로 참석하여 교황직을 승계한 베네딕트 16세를 만났다. 메르켈이 총리로 취임한 이후, 2006년 8월에는

독일 출신 기독교인 메르켈 총리와 가톨릭 신학자이며 교황인 베네딕트 16세의 모습이다. 베네딕트 16세(라칭어 추기경)가 바티칸 교황청 소속 신앙지도 신부로 재직할 때부터 알고 지냈다.

10장 기독민주당이 추구하는 숭고한 기독교적가치에 대한 진지한 성찰

휴가를 지내고 있던 교황의 별장을 방문했으며, 이후 교황이 자신의 고향인 바이에른주를 방문했을 때, 다시 만나 네 번째 만남이 이루어진 것이다. 이와 같이 독일 정부의 수장과 독일 출신 교황과의 만남은 서구 역사상 존재하지 않았던 아주 특별한 사건이었다.

2차 세계대전 이후 기독교적 정치의 구현을 희망했던 기독교인과 가톨릭 교인들이 중심이 되어 결성된 기독민주당은 다원화, 세속화된 현대세계 속에서 다시금 기독교적 가치에 대한 진지한 고민을 하게 되었다. 아마 이것이 메르켈이 기독민주당에 끼친 진정한 영향일 것이다.

정치 평론가 랑구트(Langguth)는 다음과 같이 언급한다.

> 메르켈이 기독민주당을 현대화시켰다고 볼 수 있습니다. 메르켈의 등장은 보수적인 가톨릭 교인들의 반감을 일으켰습니다. 하지만 동독 출신 개신교인인 메르켈을 더이상 거부할 수 없게 하는 세속화된 가톨릭주의는 이미 능력을 상실했습니다. 메르켈의 현대적인 파토스(Pathos, 그리스어로 열정이라는 뜻)와 개인주의는 그들에게 매우 낯선 것이었습니다.[49]

랑구트에 의하면 메르켈 총리가 신자유주의를 찬양할 때면, 일부 가톨릭 교인들은 가톨릭 교회의 전통적 사회이론인 상호지원(Subsidiarität) 및 연대(Solidarität)의 원칙이 효력을 상실한 것은 아닐까 낙담했다고 하였다.

마이스너 추기경은 2008년 성탄절 전야에 인간배아 줄기세포 연구와 관련하여, "기독교적 가치"는 포기될 수 없는 것이라고 강조하였다. 그러나 추기경의 발언이 기독민주당의 모습을 왜곡시킨다고 판단한 수많은 지지자들의 분노를 유발시켰다. 왜냐하면 기독민주당은 기독교 신앙으로 포장될 수 없으며, 또한 어떠한 고위 성직자도 기독민주당 명칭의 의미를 임의적으로 규정할 권한을 가질 수 없다고 생각했기 때문이다.

무신론자들에 의해 후기 세속화 시대 속의 "기독교적 가치"가 일방적으로 규정되어서는 안 되지만, 그럼에도 교회의 영향력이 감소되는 현 시점에서 이 문제는 중요한 이슈로 부각될 수밖에 없었다. 따라서 필자는 현 상황에 적합한 기독교적 인간이해를 전제한 후에 이를 기독민주당이 구현해야 할 기독교적 가치로 재규정해야 하는 작업이 요구된다고 생각한다.

1968년에 제정된 기독민주당의 '베를린 강령' 서문에는 "기독민주당은 기독교 신앙과 사고를 지향한다"고 기록하고 있다. 오늘날 기독교적 신앙과 사고, 즉 하나님께 대한 신앙은 직접적으로 정책 결정에 영향을 미치지 않지만 다음과 같은 의미를 지닐 수는 있다.

> 이 세계 안에 살고 있는 기독교인의 책임의식으로부터 연유하는 정치는 인간의 자유와 정의의 실현을 지향하며, 이는 한 개인의 자기책임과 연관된 상호연대를 통하여 실현됩니다.

여기서 "이 세계 안에 살고 있는 기독교인"은 어떻게 해석되어야 하는가에 대한 질문이 제기될 수 있다. 오늘날 이 문장은 이 세계에 살고 있는 모든 인간이라고 해석되어야 하지 않을까? 1994년에 다시 제정된 기본 강령을 읽어 보자.

> 현재 우리의 정치활동은 인간에 대한 기독교적 이해와 하나님 앞에서 인간의 책임의식과 관련되어 있습니다. 인간은 하나님의 피조물일 따름이지 최종적인 목적은 아닙니다. 또한 우리는 기독교 신앙을 통하여 구체적인 정치 프로그램을 기획할 수 없다고 알고 있습니다. 그러나 인간에 대한 기독교적 이해는 책임정치의 실현을 위한 윤리적 근거를 제시합니다. 이는 기독민주당이 기독교인과 비기독교인을 위하여 구상한 정치적 과제가 실현될 수 있는 신학적 근거입니다.

이는 1968년 강령보다, 비기독교인들을 고려한 기독민주당의 비전 선포라고 평가된다. 그 후 지속적인 논쟁을 거쳐 2007년 12월 새로운 기본 강령을 확정했다. 서문은 다음과 같다.

> 우리는 기독교적인 인간상의 구현을 위하여, 훼손될 수 없는 인간의 존엄성과 자유, 연대, 정의를 지향합니다.

여기서 기독교적 인간상은 새 시대에 맞게 창조적으로 이해될 수 있다. 기독민주당은 교회 영역만을 강조하는 '기독교' 개념의 피상적 의미를 초월하여, 보편적 의미를 부각시킨다. 당시 새롭게 제정된 기본 강령은 자유, 연대, 정의를 부각시키고 있다는 점에서, 사회 민주주의자들의 이상과 일치한다. 본 강령은 기독교뿐만 아니라 다양한 이념적 흐름을 수용하여 재배치할 수 있는 사유의 틀을 제공한다. 즉 이는 본 기본 강령이 경직성을 탈피하여 개방성을 구비하고 있다는 사실을 의미한다. 더 나아가 성경은 어떠한 정치 프로그램, 혹은 구체적인 행동방식에 관해서도 언급하고 있지 않기 때문에, 본 기본강령은 성경의 근본 메시지와 일치할 수 있다고도 평가된다.

그러나 이로 인하여 당내의 보수 그룹들은 기독민주당이 추구하는 숭고한 기독교적 가치가 사회민주주의화 되었다고 폄하하기도 했다.

그렇다면 메르켈 총리가 이해하는 기독교적 가치는 과연 무엇인가? 물론 기독민주당 구성원 전체가 기독교인이 될 수는 없다. 메르켈은 정치와 종교의 영역 분리를 주장한다. 즉 신앙의 영역은 개인, 혹은 교회에 속한 것이지 정치와는 무관하다는 것이다.

기독민주당의 원내총무인 카우더(Volker Kauder)는 메르켈 총리를 지지하면서 프랑크푸르트 신문에 'C'의 개념과 기독교인의 자유의 삶에 대해 기고했다.[50] 카우더는 갈라디아서를 인용하여, "하나님께서는 자유로운 삶을 살 수 있도록 기독교인들을 부르셨다"를 언급하면서, 곧 이어 독일의 위대한 종교개혁자 마틴 루터(Martin Luther)의 명언을 인용했다.

> 기독교인들은 만물을 다스리는 자유인이지 결코 노예가 아닙니다. 이와 같은 자유로움 속에서, 아니 기독교인은 자유롭기 때문에, 다른 사람을 섬겨야 할 의무를 가지고 있습니다(1520년 마틴 루터의 "기독교인의 자유에 대하여").

메르켈 총리는 인간의 자유에 기반하여 하나님과 공동체 앞에서 책임 의식을 지니고 삶을 영위해야 한다고 생각하기 때문에, 마틴 루터가 선언한 그리스도인의 자유의 삶이 자신의 삶의 모토라고 생각한다. 이 내용은 2005년 12월 총리 취임 직후 발표한 정부 담화문에 그대로 반영되어 있다. 이전에 정치인들이 자주 사용하던 정치 구호인 "민주주의적으로 행동하라"(Mehr Demokratie wagen)를 "매우 자유롭게 행동하라"(Mehr Freiheit wagen)로 각색하며 자신의 신념을 공식적으로 선포했다. 그리고 이 주제로 드레스덴(Dresden) 프라우엔 교회(Frauenkirche)에서 강연을 했다. 이 자리에 참석한 목사들은 메르켈 총리의 강연이 마치 설교처럼 들렸다고 회상했다.

그러나 메르켈은 결코 자신의 강연을 설교라고 생각하지 않았다. "인간을 자유하게 만드는 복음의 진리"라는 주제를 가지고 기독교인은 항상 자유의 삶을 추구해야 한다고 강연했을 따름이다.

이 모토는 모든 인간에게 해당됩니다. 즉 하나님의 피조물로서 인

가톨릭 주교단 신임 의장으로 선출된 로버크 촐리취(Robert Zollitsch) 대주교를 총리관저에서 만나고 있다.

간 존엄성의 보존과 창조성의 함양을 지향합니다.

기독민주당이 자신의 마스코트인 '기독교'를 정당하게 사용할 수 있기 위하여 이 개념을 내용적 측면에서 새롭게 규정하고, 세속화 시대에 살고 있는 기독민주당의 당원들을 경직된 '기독교' 이해로부터 해방시켜 주어야 한다. 메르켈 총리에 의하면 이는 신앙과 정치의 직접적 밀월 관계의 해체를 의미한다.

> 기독정치인은 하나님의 이름을 정치적 의도를 가지고 이용해서는 안 됩니다. 예를 들자면, 이라크 전쟁의 경우 우리는 이 현상을 목격했습니다. 또한 교황의 권위를 이용하는 경우에도 저는 바람직한 것이 아니라고 생각합니다. 그렇게 행동하는 것은 옳지 못합니다.

그렇지만 신앙의 정치적 도구화 시도는 항상 존재했다. 메르켈은 사회주의 체체 속에서 신앙과 정치가 서로를 도구화시켰던 장면을 수시로 목격했다. 독일 사회주의통일당은 동독 기독민주당을 "교회 산하조직"이라고 비난했으며, 또한 동독 기독민주당은 신앙을 방패로 삼아 동독 사회주의통일당 독재 체제에 저항했던 것이다. 따라서 오늘날 우리는 더 이상 신앙을 일종의 정치적 도구로 사용해서는 안 된다. 신앙은 나만의 보물이어야 하기 때문이다.

> 동독 사회주의 체제 속에서 저는 신앙을 통하여 저만의 고유한 생각을 지켜 나갈 수 있었습니다. 지금도 마찬가지입니다. 제 주위의 모든 것들이 저와 무관할 수 있지만, 그렇지 않을 수도 있습니다.

기독교인으로서 제가 삶 속에서 경험한 사실은 기독교 신앙이 저
만의 고유한 인격적 가치를 손상시키지 않고 보호해 주고 있다는
것입니다.[51]

 이제까지 기독민주당은 소수의 고위 성직자 및 가톨릭 교회의 정
치적 후원을 받는 이들에 의해 주도되었다. 그들은 신앙을 정치적 도
구로 삼아 한 정당을 지배했던 것이다. 그렇지만 현재는 지난날 기독
민주당을 지배했던 정치적 관습들이 소멸되어 가고 있다. 이에 대해
메르켈 총리는 다시 'C'의 의미를 새롭게 규정하며, 기독민주당이 추
구하는 '기독교적 가치'의 중요성을 부각시키고자 노력하고 있는 것
이다.

 'C'(기독교적 가치)는 과연 개인적인 신앙의 영역에만 국한된 것
인가? 기독민주당의 이념적 선명성의 퇴색, 가톨릭 고위 성직자의 정
치 참여가 허용되지 않는 현재 분위기, 혹은 기독민주당 정치인의 요
람인 가톨릭 청년 정치조직의 해체는 오히려 기독민주당의 마스코트
인 '기독교' 개념을 새롭게 규정할 수 있는 기회를 제공할 수 있다.
과거 기독민주당의 기억 속에는 이와 같은 탈바꿈의 시도가 존재하
지 않았지만, 오늘날 기독민주당 내부에는 새롭게 재규정된 "기독교
적 가치"에 대한 진지한 성찰을 통해 올바른 기독 정치인의 모습을
보여주고자 하는 수많은 인재들이 포진되어 있다.

 메르켈에게 있어서 기독교적 가치에 관한 질문은 매우 개인적이면
서도 사회적이며 정치적인 사안이다. 따라서 기독교인들은 정치에
적극적으로 참여하여 시대적 과제 해결을 위한 정책적 결정 과정에
참여하지만, 그 행위가 "기독교적 정치"라는 개념으로 포장되어서는

안 된다. 하나님과 그의 독생자 예수 그리스도에 대한 신앙은 이와 같은 적극적인 정치 행위와는 무관하기 때문이다.

그렇다면 어떻게 기독 정치인의 정체성을 회복할 수 있는가? 비유하자면, 기독민주당의 주요 구성원인 기독교인들은 하나님께서 거하시는 하늘의 성소로부터 나와 기독민주당의 품으로 안긴 사람들, 즉 성직자가 아님을 우선적으로 전제해야 하며, 교회의 근본적인 과제가 무엇인지를 정확하게 파악해야 한다.

더 나아가 기독교가 추구하는 인간이해야말로 기독민주당을 위하여 중요한 가치를 지니고 있으며, 기독교 정치인이 구비해야 할 필수적인 덕목이라고 간주한다. 즉 기독민주당 내부에서 격렬하게 논쟁되고 있는 "기독교적 가치"는 내용적 측면이 아니라, 기독 정치인의 인격적 측면에서도 조명되어야 하는 것이다.

메르켈 총리가 2006년 6월 13일 기독교 보수 일간지 "라이니쉐 머큐어"(der Rheinische Merkur) 창간 기념 행사에서 연설했을 때, 많은 이들은 기독민주당의 핵심 세력인 가톨릭 교인들에게 익숙한 "기독교적 가치"(C)에 대한 입장을 밝힐 것으로 기대했다. 왜냐하면 교회 지지가 없었다면 기독민주당 의장, 더 나아가 총리가 될 수 없었기 때문이다. 그래서 메르켈도 청중들의 기대에 부응하려고 노력했다.

그러나 메르켈 총리의 연설 서두에서는 "기독교적"이라는 단어를 습관적인 정치적 수사로 사용했다. 그러자 일부 핵심 당원들은 빈정거렸다. 그렇지만 메르켈 총리의 본격적인 연설이 시작되면서 상황은 반전되었다.

정치와 종교, 사회 참여와 기독교 신앙을 분리해서 생각해야 합니다.

그리고 다음과 같은 7가지 개념을 가지고 기독민주당이 나아갈 길을 제시했다.

> 인간의 존엄성 보존, 원칙 준수, 이성적 행동, 뜻을 함께 하는 이들과의 연대, 끊임없는 생각, 신뢰, 겸손.

이와 더불어 메르켈 총리는 자신이 추구하는 중요한 세 가지 삶의 원칙도 제시했다. 첫 번째는 섬김의 삶이다. 이는 단순한 행동 원칙이 아니라, 정치인이 갖추어야 할 필수적인 덕목으로서, 한 정치인의 개인적인 정치적 입장을 초월한 것이다.

> 저는 국민 여러분을 진심으로 섬기고 싶습니다.

메르켈 의장은 2005년 차기 총리 후보자로 지명된 후, 콘라드 아데나워 하우스(Konrad-Adenauer-Haus)에서 정견 발표회를 할 때도 자신을 이와 같이 소개했다. 이것은 정치권에서는 매우 듣기 어려운 감성을 자극하는 표현으로 참석자들은 메르켈 총리 후보의 겸손함과 자신감을 함께 느낄 수 있었다고 한다.

반면에 사회민주당 슈뢰더 총리는 "저는 총리관저에 다시 들어 오고 싶습니다"라고 말하며, 연임 가능성을 자신 있게 밝혔다. 그렇다고 해서 메르켈 후보의 권력 의지가 퇴색되었다고 볼 수는 없다. 오히려 메르켈 총리 후보는 자신의 독실한 신앙심을 바탕으로 총리직 수

행의 자신감을 나타냈다고 보고 있다.

이어서 메르켈 총리 후보는 제2차 바티칸 공의회(1962-1969) 공식문헌 중 하나인 현대 세계의 교회에 관한 사목헌장 '기쁨과 희망'(Gaudium et Spes)을 인용하며, 정치인의 섬김의 삶에 관한 신념을 구체화시켰다. 이 문서는 가톨릭 교회 역사의 한 획을 긋는 중요한 선언문으로서, 가톨릭 중심주의가 포기되지 않았다고 비판받고 있음에도, 현대사회를 향한 가톨릭 교회의 개방성을 강조했다는 점에서 고유한 신학적 가치를 인정받고 있다.

> 정치와 교회는 분리되어야 하며, 각자의 고유한 영역에서 자율적으로 활동해야 한다. 그러나 정치와 교회는 개인적이며 사회적인 차원에서 인류를 위하여 봉사해야 한다. 양자는 이와 같은 섬김의 삶을 통해 인류의 복지에 기여하고, 더 나아가 상호협력을 통하여 궁극적인 선한 목적을 달성해야 할 것이다.

이 선언을 메르켈은 다음과 같이 각색하여 선언했다.

> 인간을 위해 봉사하겠습니다. 구체적으로 표현한다면, 국민 여러분을 섬기겠습니다.

두 번째 개념은 겸손이다. 현재 총리 청사 7층 사무실과 국무위원 회의실에 들어가면, 분명하게 겸손과 섬김의 분위기를 감지할 수 있다. 이 두 단어는 메르켈 총리가 매우 좋아하는 단어로 항상 붙어다닐 수밖에 없다. 왜냐하면 겸손한 삶은 이웃을 섬기는 삶을 동반할 수밖에 없기 때문이다. 물론 현실 정치인으로서의 삶의 한계 또한 고려해야 한다. 이 세상의 어느 누구도 권력에 대한 의지와 정치적 손익 계산 없이 정치판에 몸담을 수는 없기 때문이다. 그럼에도 불구하고 메르켈이 추구하는 겸손과 섬김의 삶은 진실한 신앙고백으로부터 우러나온 것이라고 생각한다.

계속된 "라이니쉐 머쿠어" 강연에서 메르켈 총리는 지난날 동독사회에서의 경험을 반추하면서 다음과 같이 말했다.

> 기독교적 인간이해는 무소불위의 정치 권력에 대한 환상을 과감히 폐기처분했습니다. 우리가 정당하게 소유한 양심의 자유를 통하여 우리는 다음과 같은 사실을 알고 있습니다. 우리는 불완전한 인간이며 언제든지 과오를 범할 수 있습니다. 우리는 마지막 날에 하나님과 대면해야 합니다. 이 사실은 우리가 겸손한 삶을 영위해야 한다고 가르칩니다. 정치 또한 마찬가지입니다. 정치인의 삶은 섬기는 삶이어야 합니다.

메르켈 총리가 선호하는 세 번째 개념은 "거리두기"이다. 이는 그의 개성을 확연하게 드러내는 개념으로, 목적지향적인 자세만으로 주변 사람들과 접촉하는 것이 아니라 겸손한 자세를 가지고 적당한 거리를 취하면서, 정치적 문제를 냉철하게 인식하고 해결하는 것을 의미한다. 메르켈 총리는 신앙만이 인간을 겸손하게 만들며 사람들과의 부담없는 관계를 유지할 수 있다고 확신한다.

> 기독민주당은 목회사역을 수행하는 곳이 아닙니다. 오히려 우리는

기독민주당이 하나님 앞에서 겸손한 마음으로 정치적 과제를 해결
하도록 촉구해야 할 것입니다.[52]

우리 기독교 민주주의자들은 하나님과 인간 앞에서 책임의식을 가
지고 있으며, 우리가 추구하는 가치의 실현을 위해 노력해야 한다
는 사실을 고백합니다. 아울러 우리 시대가 요구하는 과제를 수행
해야 할 것입니다.

즉 "정치인의 겸손한 삶"은 반복되는 구두적 표현을 통하여 실현되
는 것이 아니다. 콜 총리의 경우, '기독교적'이라는 수식어구를 일상
적으로 사용하며 이를 비판하는 고언을 묵살하였다. 그러나 말보다
실천이 중요하기 때문에 메르켈 총리는 콜의 모습을 본받지 않았다.
그리고 "기독교적 가치"에 관한 소모적 논쟁을 가급적이면 피하려
고 하는 것 같다.

우리는 결코 '기독교적 가치'에 대하여 소모적 논쟁을 더 이상 진
행해서는 안 됩니다. 그러면 기독교적 가치의 숭고한 의미가 평가
절하 됩니다. 오늘의 상황 속에서 예수님의 말씀을 신속하고 정확
히게 이해하여 적용해야 할 것입니다. 예수님의 말씀은 우리 삶의
중요한 모델입니다. 우리는 독일사회에서 분명한 목적을 가지고
실천하는 기독교인들을 목격하고 있습니다. 우리는 인간적 한계를
절감하고 있음에도 불구하고, 하나님 앞에서 선한 것을 창조해야
할 의무를 지니고 있는 것입니다.

11장
책을 정리하며

겸손하면서도 신중한 정치 스타일

이 책의 마지막이 조금씩 다가온다. 필자는 지금까지의 모든 이야기들을 정리해서, 이 책 마지막에 소개하려고 한다. 기독교인 여성 총리 메르켈의 삶의 과정을 우리가 나름대로 깊이 이해했다면, 이에 근거하여 현재의 정치 스타일을 충분히 추론할 수 있으리라 생각한다. 파격적일 수 있지만, 총리의 겸손하면서도 신중한 정치 스타일은 이제까지의 정치 행보가 그대로 증명한다.

메르켈 총리의 파격적인 정치적 행보는 언제나 사람들을 놀라게 했다. 한 동료는 메르켈이 한결 같이 독일사회의 일반적인 종교적 관습과 배치되는 행동을 하며, 또한 첨예한 갈등의 순간에도 감정을 자제하며 인내하는 능력을 지니고 있다고 평가한다. 메르켈은 동독지역에서 목사인 아버지 밑에서 기독교인으로 성장했지만 독일 사회주의통일당 청년 조직인 "자유청년동맹"에도 가입하여 활동한 경력이 있다. 이것은 앞에서 지적한 바와 같이 대학입학 자격시험에 응시할 기회를 얻기 위한 불가피한 선택이었다.

메르켈의 학교생활은 무난한 편이었다. 그러나 동독사회를 비판적으로 풍자한 연극 공연에 적극적으로 참여했기 때문에 학교의 감시 대상이 되었다. 이후 1980년대에는 동베를린 소재 겟세마네 교회에 출석하는 동안 전혀 자신의 반체제적인 정치적 성향을 드러내지 않았다. 통일된 후, 메르켈의 정치 역정은 본격적으로 시작된다. 기독민주당에 가입하면서 동료들과는 다른 길을 선택했다. 당시 주위에서는 헬무트 콜에 대해 호감을 가진 이들이 별로 없었다. 따라서 콜 총리가 메르켈을 여성·청소년부, 환경부장관으로 임명했을 때, 이는 정말 상상을 초월하는 사건이었다.

한 기자가 "헬무트 콜 총리는 당신을 어떻게 생각했습니까?"라고 질문했다. 메르켈이 어떻게 답변했을까? 지금까지 이 책을 읽은 독자라면 충분히 추측할 수 있을 것이다. 그럼에도 불구하고 필자의 추리를 약간이나마 시도해 보고 싶다.

여성이며 동독 출신이라는 사실만을 고려하여 콜 총리가 메르켈의 정치 입문을 후원했을 것이라고 판단하기에는 무엇인가 부족하다. 콜의 후원으로 정치에 본격적으로 입문하여 그의 정치적 자산을 물려받았던 메르켈은 가장 대담하게도 정치적 후원자인 콜 총리를 비판한 사람이었다.

그렇다면 다른 중요한 요소는 무엇일까? 능숙하게 사회민주당과의 대연정을 주도했던 메르켈 의장은 만일 사회민주당이 선거에서 승리한다면 기독민주당 의장을 사임할 것이라는 말도 들렸다. 메르켈의 넘치는 자신감으로 미루어 볼 때, 동독 출신이며 여성 할당제의 혜택으로 정상의 자리에 올랐다고 보기에는 무리가 있다. 만일 그렇다면 항상 소심하게 행동하며 모험을 두려워했을 것이다.

물론 메르켈에 대한 상반된 평가가 존재한다. 메르켈의 고향과 다름없는 동베를린 근처 브란덴부르크 사람들은 메르켈을 매우 낯설게 느낀다. 왜냐하면 독일이 통일된 후, 서독 자본주의 체제에 제대로 적응하지 못했던 대부분의 사람들과는 달리 메르켈은 매우 신속하게 적응했기 때문이다. 다르게 말하면 메르켈을 기회주의자라고 비난하는 것 같다.

또한 기독민주당의 중추 세력인 서독 가톨릭 교인들의 일부는 메르켈을 경건하지 못한 매우 세속적인 사람이라고 비난하기도 한다. 1990년대 초반 체리 위스키에 흠뻑 취한 채 한 인터뷰에 응했던 사건은 메르켈의 인격을 왜곡하여 전달하기에 충분한 계기를 제공했을 것이다. 이것은 메르켈이 성장했던 동독지역의 교회 정서가 소위 경건하지 않은 분위기라는 사실을 미처 몰랐기 때문에 생긴 오해였다.

지금까지 소개된 이 책의 내용을 쉽게 기억할 수 있도록, 짧게 요약해 보자.

메르켈 총리는 2007년 12월 3일 하노버에서 개최된 기독민주당 의원 총회에서 인간배아 줄기세포 연구에 관련된 논쟁을 점화시킬 것을 강연을 통해 예고했다. 메르켈 총리는 기독민주당의 최대 라이벌 정당인 사회민주당 정책을 계승하여(2002년 사회민주당 슈뢰더 총리의 주도 아래 생명과학자들이 2002년 1월 1일 이전 추출된 인간배아 줄기세포를 수입하여 연구용으로 사용할 수 있도록 하는 법안이 통과되었다), 2007년 5월 1일까지 줄기세포 수입일자의 연장을 주내용으로 하는 개정안 발의를 제안하였다.

그러나 당내의 여론은 이 법안을 거부하는 분위기였다. 단지 의학 발전을 위해 생명을 죽이는 행위를 반대했던 수많은 당원들은 기독민주당이 추구하는 기독교적 가치에 의해, 본 개정안을 심사숙고할 것을 요구했기 때문이다. 뿐만 아니라 기독민주당의 주류를 형성하고 있는 가톨릭 고위 성직자들도 단지 자유로운 연구 행위를 위해 생명을 죽이는 줄기세포 연구를 기본적으로 반대하였다.

그러나 메르켈 총리는 핵심적인 정책 결정자로서 자신의 입장을 명확하게 제시했다. 물론 이것이 당내 주도권 싸움의 하나였다는 사실을 부정할 수는 없지만 확신이 없었다면 결코 이 논쟁을 주도하지 않았을 것이다. 당시 독일 정부는 인간배아 줄기세포 연구산업의 발전을 위한 지원을 공식적으로 자제하고 있었기 때문에 연구용 인간배아 줄기세포 수입일자를 연기한다고 해도 정부의 전폭적인 지원을 의미하지는 않는다고 판단했다. 그래서 인간배아 줄기세포 수입일자 연기를 통한 연구재료 구입량 확대는 시도해 볼 수 있는 것이라고 생각했던 것이다.

추측하면, 자연과학자 메르켈 총리는 인간배아 줄기세포 연구의 과학적 정당성에 대해 회의를 품은 것이 아니다. 오히려 이 문제가 윤리적 영역에서 논쟁이 심화될 것이라고 예상한 후에 철저하게 논리적으로 무장하고, 최종적으로 자신의 입장을 관철시킨 것이라고 평가해야 한다.

인간배아 줄기세포 연구논쟁은 과학과 도덕의 경계선을 혼동시킬 수 있다고 간파한 메르켈 총리는 이 문제에 효과적으로 대처하기 위해 과학기술부장관이며 가톨릭 신학에 정통한 샤반과 협력한 것이다. 샤반이 주도적으로 줄기세포 연구에 대한 이론적 정당성을 홍보한다면 다수를 차지하는 보수적인 가톨릭 교인들을 설득할 수 있을 것이라고 생각했기 때문이다. 이와 관련하여 샤반은 당시 상황이 자신의 정치 인생 중 가장 힘난했던 시기였다고 고백하였다.

그러나 기독민주당 최고위원 중 일부는 메르켈 총리가 교회와 신학에 대해 올바로 이해하지 못한다고 성토했다. 그리고 중진의원들의 충고를 듣지 않고, 민감한 정치적 사안의 중대성을 고려하지 않은 채 경솔하게 행동하고 있다고 비판했다. 그랬음에도 기독민주당의 대다수가 인간배아 줄기세포 수입일자 연기를 찬성했다는 사실에 줄기세포 연구를 반대했던 가톨릭 교인들과 개신교인들은 큰 충격을 받았다.

무엇 때문에 메르켈 총리는 이렇게 생각하고 행동했을까? 메르켈에 의하면 성경이 증언하는 복음의 진리를 단순하게 요약된 정치적 견해로 표출하는 것은 매우 위험하며, 이는 한 사회 내에서의 교회 입지를 축소시킬 수 있다. 그럼에도 불구하고 기독 정치인은 결코 자신의 신앙고백과 정치를 분리시켜서는 안 된다. 문제는 자신의 신앙고백을 단순화시켜서 정치 현장에 직접적으로 도입하는 것이다. 이는 신앙뿐만 아니라 정치 이념에도 적용된다. 인간이 만든 진보, 보수의 틀 안에 남들의 시선이 두려워 자신을 스스로 가두어 버리면 안 되기 때문이다.

이를 증명이나 하듯 메르켈 총리는 "기독교 정치"라는 표현을 사

과학기술부장관 샤반(Annette Schavan)과 메르켈 총리는 상호간 정치적 신념을 공유하는 동지적 관계이다.

용하지 않으면서,[53] 성경은 구체적인 정치 프로그램을 제공하는 것이 아니라, 기독민주당의 정당으로서의 존재 근거만 제시할 뿐이라고 주장한다. 이는 기독교 정치의 개념이 임의적으로 규정될 수 없다는 사실을 의미한다. 더 나아가 "기독교적"이라는 개념은 단순히 화려하게 포장된 미사여구가 아니지만, 만일 임의적으로 규성되있을 경우에라도 함부로 정죄되어서는 안 된다는 것을 함의한다.

역설적으로 표현한다면, 하나님을 믿는다고 과시하는 사람은 스스로 만든 종교적 편견을 통해 타인을 바라볼 수 있기 때문에, 오히려 하나님을 믿지 않는 사람이야말로 솔직한 성품을 지닌 훌륭한 정치인일 수 있다. 우리는 이 사실을 한 두번 경험한 것이 아니다. 따라서

11장 책을 정리하며 – 겸손하면서도 신중한 정치 스타일

존경할 만한 인품을 지닌 기독 정치인이라면 특정인, 매우 솔직하게 말하자면, 자신의 정적을 향해서도 편견을 품어서는 안 된다. 자신도 죄인의 반자리에 속할 수 있음을 결코 잊지 말아야 한다.

메르켈 총리는 부시 대통령과의 회담 도중에 다음과 같이 말했다.

> 하나님께서 우리를 부르셨다는 사실은 우리가 경솔하게 타인을 정죄할 수 있는 도덕적 우월감을 주셨다는 것을 의미하지는 않습니다.

자신도 이미 그렇게 생각하고 있다는 듯이 부시 대통령은 즉시 응수했다.

> 메르켈 총리는 매우 열정적이면서도 상대방의 다른 의견을 진지하게 경청할 줄 아는 사람입니다. 자신과 입장이 다르다고 상대방의 의견을 제대로 듣지 않은 채, 경솔하게 정죄하지 않습니다. 항상 최대한 완벽하게 이해하려고 노력합니다. 이런 모습이 저에게 매우 인상적이었습니다.[54]

메르켈 총리는 자신의 신앙을 정치적으로 이용하지 않았기 때문에 공식적으로 신앙고백을 표현하지 않는다. 즉 정치적 결단과 신앙고백은 무관하다고 강조하며, 신앙의 공개를 꺼리는 것이다.[55] 이것을 파악하기 위해서는 동독 체제 안에서의 성장 과정을 고찰해야 하며, 동, 서독 간의 교회 문화 차이점을 전제할 필요가 있다. 물론 통일된 이후, 메르켈이 세속화된 서독지역의 문화를 경험하면서 행동한 것이라고 추측할 수도 있지만.

동독 사람들은 콜 총리가 통치하던 서독지역에는 기독교가 중요한 사회적 영향력을 행사한다고 오판했다. 그러나 상황은 반대였다. 오히려 서독지역은 세속화되었으며, 가톨릭 교회 거점 지역의 경우에도 교인이 1980년대 이후로 감소했기 때문에, 최소한 교회의 사회 장악력이 해체되기 시작했던 것이다. 개신교회 또한 가톨릭 교회와는 다른 방식으로 교인의 감소를 경험했다. 이와 관련해서는 1960년대 반전 평화 및 환경운동을 주도한 68세대의 결정적 역할도 간과될 수 없다.

21세기를 맞이하면서 풍미했던 "종교로의 귀의"라는 표어는 결코 전통적인 교회의 도덕적 표상, 혹은 이에 근거한 정치적 실천을 지칭하지 않는다는 것을 주목해야 한다. 따라서 현재 가톨릭 교회의 젊은이들이 교황에게 환호를 보내는 것은 과거 가톨릭 교회의 도덕적, 정치적 이념에 동의하기 때문이라고 볼 수는 없다. 오늘날 다원화되고 개인주의화된 현대사회 속에서 새로운 영성을 추구하는 가톨릭 교회의 젊은이들에게 동독 출신의 개신교인 여성 총리 메르켈이 매력적으로 다가가고 있음을 다시금 곱씹어 볼 필요가 있다. 이유를 막론하고 교회가 정치에 개입하는 모습에 식상한 수많은 독일 기독교인들에게 메르켈 총리가 매우 신선한 기독 정치인의 모습을 보여 주고 있는 것이다.

물론 기독민주당 내에서 메르켈 총리는 기독교인답게 행동하지 않는다고 비판받기도 한다. 아마 지난날 가톨릭 교회 청년연합회와 미사 조력자 활동을 통해 성장했던 수많은 기독민주당 출신 거물급 정치인들과 비교한다면 그런 비판은 충분히 이해될 수 있다. 그들은 기독민주당을 또다른 가톨릭 교회의 영역이라고 생각해서 인지는 몰라도 기독민주당을 끈끈한 가족적 정서가 충만한 곳으로 이해한다.

하지만 메르켈 총리는 출신 배경상 지금까지 기독민주당을 가족처럼 느껴본 적이 없다. 더욱이 일부 당원들은 메르켈 총리에게서 따뜻한 정서를 느낄 수 없다고 불평한다. 이것은 치열하게 싸우면서 정치권력의 최정상에 오른 메르켈 총리에게 감성적인 부분이 결여되어 있기 때문인지도 모른다. 그러나 여기서 우리는 충분히 메르켈의 정치활동 초기에 기독민주당 내에서의 위치를 짐작할 수 있을 것이다.

그럼에도 메르켈이 기독교인으로서의 원칙적인 삶을 지향하고 있다는 사실은 자주 간과되고 있다. 목사의 딸로서 그는 기독교 신앙의 토양에서 성장했다. 1960년대 메르켈이 성장했던 템플린 지역에는 동독 체제 안에서도 많은 교회가 있었다. 메르켈의 급우들 중 대부분이 학교에 입학한 후, 1학년 때는 견진 예비교육을 받았다는 사실이 이를 증명한다.

역대 총리 중 어느 누구도 메르켈처럼 정식 신학교육은 아니더라도 확실하게 신학적 사고능력을 배양시키기 위한 교육을 받았다고 할 수 없다. 아버지가 원장으로 재직했던 목회자 설교아카데미는 메르켈을 위한 중요한 신학교육의 공간이었기 때문이다. 수많은 동, 서독 신학자들이 방문했던 이곳은 사회주의와 자본주의를 넘어선 제3의 길(인간의 얼굴을 가진 사회주의), 라틴아메리카의 해방신학, 독일 역사에 관한 비판적인 신학적 질문, 독일사회 내의 교회 정치적 문제들이 토론된 정보 공유의 공간이었다.

아울러 메르켈의 집에서 이루어진 일상적인 가족회의는 현재의 메르켈을 존재하게 한 지적 자극이 되었다고 볼 수 있다. 물론 메르켈의 부모가 미친 영향만으로 여성 총리의 진면목을 모두 파악할 수는 없다. 그럼에도 메르켈이 전통적인 기독교 집안에서 성장했다는 사실, 즉 계몽주의 시대 프로이센 제국에서 풍미했던 문화개신교주의의 신앙적 토양에서 성장했다는 사실은 현재 메르켈 총리의 모습을 이해하는 중요한 단서가 될 것이다.

그렇다면 문화개신교주의와 메르켈 총리의 신앙과는 무슨 관계가 있을까?

19세기 프로이센 제국을 풍미했던 문화개신교주의는 루터의 종교개혁 운동의 핵심적 가치인 "개인의 양심의 자유"라는 기치 아래, 신앙과 이성의 조화, 계시에 대한 이성적 이해를 주장하며, 개인적 가치가 제일 중요하다고 강조했다. 또한 근대 이후 게르만 민족의 문화는 하나님의 계시의 완성이라는 의미도 암묵적으로 부각시키면서, 개인주의와 게르만 민족주의와도 결합을 시도했다.

제1, 2차 세계대전 동안 문화개신교주의의 긍정적인 의미가 퇴색되고, 일부 신학자들이 의도적으로 독일의 전쟁 범죄를 정당화하기 위하여, 문화개신교주의의 중요한 두 가지 특징 중 게르만 민족주의를 일방적으로 강조하면서, 문화개신교주의는 크게 비판받았다. 그럼에도 불구하고 개인의 자아와 자유를 중요시한 문화개신교주의의 전통의 자취로 인해 과거 프로이센 제국의 영토를 고스란히 물려받았던 동독 사회주의 체제 내에서 교회가 생존할 수 있었다고 생각한다. 아마 메르켈 총리도 문화개신교주의의 멋이 깊이 배어 있는 아버지의 엄격한 신앙교육 속에서 개인의 자아와 자유를 중요시하는 삶의 자세를 배웠을 것이다.

동독의 마지막 총리 드메지에르(Lothar de Maizière)는 1990년에 메르켈을 개인적으로 알지 못했음에도 정부 대변인으로 임명했다. 이는 메르켈이 성장했던 가정 환경, 즉 아버지의 엄격한 신앙교육을 전폭적으로 신뢰했기 때문에 가능했던 것이다. 드메지에르는 1986년부터 1990년까지 동독 개신교회연맹 부의장을 역임하는 동안, 카스너와 개인적인 친분 관계를 유지했기 때문에 메르켈이 받은 신앙교육에 대해 결코 의심하지 않았던 것 같다. 돌이켜 보면 메르켈의 정치 입문을 도와준 것은 동독 교회 내의 인적 네트웍이었다고 볼 수도 있겠다.

그럼에도 불구하고 메르켈은 교회와 정치에 대해서는 분리되어야 한다고 주장한다. 메르켈의 정치적 토양이 동독 교회였기 때문에 교회가 정치에 개입하면서 발생한 부작용에 대한 실망이 그렇게 만들었던 것 같다. 그러나 이와 같은 메르켈의 확고한 정치적 신념은 심각한 위기의 상황을 제공하기도 했다. 앞에서 설명했던 것처럼, 기독민주당 의장 시절 미국의 이라크 공격을 지지하면서, 실제적으로 심각한 정치적 위기 상황을 맞게 되었다. 기독민주당의 창립 이념에 따라 항상 기독교인으로서의 입장을 표명해야만 했던 메르켈의 생각은 매우 복잡했다.[56] 미국의 이라크 침공을 반대하는 교회의 입장을 이해하지 못하는 바는 아니었지만, 결국 현실 정치의 냉정한 현실을 수용하여 판단하는 것이 더 중요하다고 결론을 내린 것이다. 이것은 국익을 우선한 실용적 외교정책이라고도 표현할 수도 있을 것이다.

이는 콜 총리의 정치 스타일과는 너무나 다르다. 콜의 경우, 보수적인 가톨릭 신앙에 입각한 정치 논리를 구사했으며 교회와 긴밀한 협력관계를 구축하고 있었다. 이런 콜 총리의 가톨릭 교인으로서의 모습은 자연스럽게 연출되었으며, 항상 가톨릭 고위 성직자들의 조언을 수용했다. 실제적으로 그는 마인츠에 거주하는 레만 추기경과 돈독한 관계를 유지하며 정치적 조언을 전폭적으로 의지했다.

그러나 메르켈 총리는 레만 추기경과 개인적인 친분 관계는 유지하지만 콜과는 달리 자신을 가톨릭의 정치적 대변자로 생각하지 않았다. 가톨릭 주교단 의장을 오랫동안 지낸 레만과 밤늦게까지 총리 관저에서 와인을 마시며 대화를 나눈 적은 있지만 이런 만남이 자주 이루어지지는 않는다. 아마 메르켈은 전략적 차원에서 주교단의 정치적 협력은 거부하지만, 그들을 신뢰하는 정치적 동료로 예우하려고 노력하는 것 같다. 아니면 가톨릭 교회와의 좋은 관계가 메르켈의 명예를 고양시킬 수 있지만, 반면에 결정적인 정치적 선택을 방해할 수도 있다는 사실을 항상 명심하고 있기 때문에 그런 것 같기도 하다.

또한 메르켈 총리는 남성 정치인들에게 익숙한 문화적 관습, 즉 술자리를 함께 하면서 상호 관계를 돈독히 하는 관례를 과감히 거부했다. 물론 이에 대한 비난의 목소리가 없었던 것은 아니다. 기독민주당의 한 유명한 정치인의 불평을 소개하면,

> 메르켈은 지금까지 저와 맥주를 한 잔도 마시지 않았습니다. 메르켈과 맥주를 들이키며 솔직한 대화를 나눌 수 있는 기회가 없었다는 것이 정말 아쉽습니다.

기독민주당이 중요한 당의 이념적 근간으로 규정하는 "기독교적 가치"(C)는 기독교적 인간이해에 기초한다. 물론 아직까지 성서적, 혹은 교의학적으로 규정된 개념은 아니며, 혹은 다원화되고 현대화된 사회 속에서 "기독교적 가치"의 변화된 의미를 진지하게 고찰할

것이라고 볼 수는 없다. 그러나 이 개념은 현대사회 속에 존재하는 기독민주당의 강령을 해명해 줄 수 있는 보조 개념으로 정확한 개념 규정을 요구한다.

기독민주당은 2005년 베를린의 한 지역구 국회의원 선거에서 11.3% 지지율을 확보하여 패배한 이후 그 지역의 젊은 이슬람교인들이 기독민주당에 가입하는 이변이 일어났다. 이와 관련하여 한 당원은 기독민주당이 가족, 종교와 같은 보수적 가치와 자유로운 경제활동을 지향하기 때문이라고 해석했다. 뿐만 아니라 법학 및 경제학을 공부하는 청년들과 직장에서 은퇴한 노인들도 기독민주당에 합류했다. 더 놀라운 것은 기독민주당 전당대회 행사에 맥주가 아니라 망고주스가 등장했다는 사실이다. 이 모든 것은 메르켈의 등장으로 기독민주당에 불고 있는 새로운 변화의 바람이라고 생각된다.

그러나 아직까지도 기독민주당-기독사회당 연합의 교파적 특색이 가톨릭적이라는 사실을 강조하는 일부 가톨릭 교인들은 지속적으로 자신들이 기독민주당을 이끌어야 된다고 주장하고 있다.

돌이켜 보면, 콜 총리가 재직하던 시절, 그의 비서관들은 모두 가톨릭 교인들이었다. 이들은 가톨릭 교회 청년연합회 출신으로 복사, 즉 미사 조력자로 활동하면서 정치인의 꿈을 키웠던 이들이었다.

그렇지만 콜 총리 시대에 이미 기독민주당의 세속화 과정은 시작되었다. 다원화된 사회 분위기를 반영하는 듯 교회 내부의 다양한 의견들이 표출되면서 이전과 같은 보수적인 가톨릭적 색채는 퇴색되어 갔다. 예를 들어, 동성애에 관한 가톨릭 교회의 입장은 주로 고위 성직자들의 견해를 반영하여 공식적으로 발표되었지만, 현재는 좀더 다양한 의견이 표출되고 있다. 또한 인간배아 줄기세포 연구와 관련하여 가톨릭 고위 성직자들은 전통적인 교리에 기반하여 보수적인 정치적 입장을 밝히고 있지만, 이제는 더 이상 가톨릭 교인들의 견해를 대변하지 못하고 있다.

또한 기독민주당 출신 의원이 되기 위해 더 이상 가톨릭 교회에 조직적으로 깊이 관여할 필요가 없게 되면서, 결과적으로는 교회의 정치적 참여 범위가 약화되었다는 세간의 평가를 받기도 하였다.

따라서 현재 개신교인 메르켈 총리와 대다수 기독민주당-기독사회당의 당원들은 굳이 가톨릭 교회의 입장을 직접적으로 수용하거나 적용할 필요가 없다. 이것은 통일 이후 기독민주당-기독사회당 내부에 개신교인의 비율이 높아졌다는 사실이 중요한 이유일 것이다. 따라서 기독민주당 최고위원회에서 가톨릭 교회의 정치적 입장이 대다수 최고위원들의 지지를 확보할 수 없는 상황이 되었다. 아울러 기독민주당을 주도하고 있는 최고위원회 구성원 또한 개신교의 존재를 무시할 수 없게 되었다는 사실도 주목할 필요가 있다.

기독민주당이 직면한 또다른 위기가 포착된다. 기독민주당은 동성 결혼의 경우 2세를 입양할 수 없다고 주장한다. 메르켈 총리와 가톨릭 고위 성직자들도 이 문제에 대해 침묵하고 있지만, 그들의 정책적 입장은 설득력을 얻지 못하고 있다. 모순되게도 생명윤리, 환경 및 경제성장 정책, 해외 파병과 같은 민감한 사안에 관한 축적된 연구 결과가 미비하기 때문에 오히려 녹색당이 가지고 있는 전문적인 연구 자료의 도움을 받으며, 진보적 색채가 강한 녹색당을 심정적으로 지지하는 현상이 일어나고 있다.

또한 가톨릭 교회 내에서 독일 연방군의 해외 파병을 찬성하는 주교부터 팍스 크리스티(Pax Christi)를 외치며 반미와 세계평화를 부르짖는 급진적 평화운동 그룹까지 다양한 입장이 공존하면서, 기독민주당이 전통적으로 추구했던 기독교적 가치에 관한 개념적 혼란이 일어났다. 따라서 메르켈 총리는 자신의 독자 노선을 고심하며 입장을 밝힐 수밖에 없는 상황에 직면하게 된 것이다.

메르켈 총리의 고민은 다음과 같이 요약될 수 있다. 기독교가 추구하는 인간의 모습은 어떠한 것인가? 위기의 시대 속에서 살아 가는 우리는 자유시장 경제체제를 기독교적 가치의 사회적 실현이라고 자축하며, 이와 상응하는 인간상을 기독교적 인간상이라고 주장할 수도 있다. 그러나 결코 복음의 진리와 인간이 만든 제도가 동일화되어서는 안 된다.

물론 메르켈 총리는 이와 같은 신앙고백의 공식적 표명을 자제한다. 메르켈은 1990년대 정치계에 본격적으로 입문하면서, 하나님께 드리는 예배가 개인적인 삶의 영역에 속하는 것이라고 생각했기 때문에 기독민주당 의원총회 개회 전에 드리는 예배를 상당히 낯설어 했다.

그러나 오늘날 메르켈 총리의 입장은 변하였다.

> 오늘날 저는 이 문제를 다르게 생각합니다. 기독민주당이 항상 하나님께 예배를 드린 후 회의를 시작하기 때문에, 우리는 회의가 진행되는 토론 주제에 대하여 한 번 더 깊이 생각할 수 있습니다. 중요한 문제와 사소한 문제를 구별할 수 있게 되는 것입니다.[57]

기독민주당의 기본강령 제정위원회 위원 중 한 명이 주일예배에 참석하지 않고, 주일 오전에 연구모임이 계획된 것은 문제가 있다고 비판하는 사건이 발생했다. 고령의 위원들을 제외하고는 주일예배에 참석하지 않는다는 사실을 공개적으로 비판한 것이다. 당시 메르켈 총리도 내부의 타성에 젖은 당원들처럼 주일예배에 참석하지 않았다. 이 사건 이후 독실한 기독민주당 당원들은 메르켈 총리에게 기독교인으로서의 신실한 삶의 모습을 보여줄 것을 요구하기 시작했다.[58] 그들은 총리가 신학적으로는 항상 세련된 논리를 구사하고 있지만, 정작 정기적으로 교회에서는 경건하게 예배드리지 않고 있다는 증거를 확실하게 잡았기 때문이다.

그러나 이들은 겉으로 보이는 모습만 가지고 경솔하게 판단한 것이다. 본인의 반박을 들어 보라. 메르켈 총리는 베를린 돔성당 근처에 살고 있고, 이곳에 자신의 오랜 친구인 휘너바인(Friedrich-Wilhelm Hünerbein)이 담임하고 있음에도 공식적인 국가적 업무와 관련된 것이 아니면 방문하지 않는다. 이와는 달리 대통령 쾰러(Horst Köhler)의 가족들은 베를린 첼렌도르프(Zehlendorf) 지역에 있는 교회 예배에 참석한다. 또한 노르트라인-베스트팔렌(Nord-rhein-Westfalen) 주정부 수상인 위르겐 뤼트거스(Jürgen Rüttgers)도 쾰른 서부에 있는 풀하임(Pulheim) 지역 교회에 가족과 함께 참석하여 앞자리에서 예배를 드린다.

메르켈은 진정 겉으로만 기독교인처럼 행동하는 위선적인 사람인가? 아니면 경건한 기독교인들의 단순한 생각을 논리적으로 매섭게 공격하는 사람인가?

그러나 이와 같은 편견이 뒤집어지는 현장이 자주 목격된다. 메르켈 총리는 누구에게도 알리지 않은 채, 자신의 별장이 있는 우커마르크 인근 지역 예배당에 앉아 있는 모습을 기자들이 발견한 것이다. 여기서 우리는 메르켈 총리의 신앙생활에 관한 사변적 추측을 그만해야 한다. 메르켈 총리는 누군가에게 보여주기 위한 신앙생활을 하지 않는다. 즉 자신의 정치적 성공을 위하여 신앙의 보화를 이용하고 싶지 않은 것이다. 자신의 신앙을 직접적으로 표현하기보다, 자신이 기독교인이라는 사실만 추측되도록 암시하기를 원하는 것 같다.

메르켈 총리가 이 책을 통하여 독자들에게 전달하고 싶은 가장 중요한 메시지를 끝으로 필자의 메르켈 연구를 정리하고자 한다.

> 하나님께서 존재하신다고 믿기 때문에, 인간은 죄를 지을 수밖에 없는 존재라는 사실을 알고 있기 때문에 겸손할 수밖에 없습니다. 겸손한 삶은 자아가 아니라 타자의 존재가 삶의 중심입니다. 남을 도와줄 때 느끼는 행복감은 그 무엇과도 비교할 수 없습니다. 그래서 겸손한 마음가짐을 가지고 산다면 누구든지 행복하게 인생을 살 수 있다고 확신합니다….

미주

[1] Angela Merkel, Vorbilder meines Glaubens. In: Deutscher Evangelischer Kirchentag Hamburg 1995. Dokumente Gütersloh 1995. 769-776을 참조하라.

[2] Ebd.

[3] Herlinde Koelbl, *Spuren der Macht. Die Verwandlung des Menschen durch die Macht. Eine Langzeitstudie.* München 1999. 48.

[4] Koelbl, 48.

[5] Evelyn Roll, *Die Erste. Angela Merkels Weg zur Macht.* Reinbeck 2005. 17을 참조하라.

[6] Roll. 16.

[7] Merkel. 39.

[8] 2008년 11월 20일, 메르켈과 저자와의 대화.

[9] Ebd.

[10] 2008년 10월 16일, 메르켈과 저자와의 대화.

[11] 2008년 10월 9일, 메르켈과 저자와의 대화.

[12] Roll. 18.

[13] Gerd, Langguth *Angela Merkel. Aufstieg zur Macht.* München 2007. 38-39을 참조하라.

[14] Merkel. 45.

[15] Merkel. 37.

[16] Sonntagsblatt-Evangelische Wochenzeitung für Bayern. Nr. 36 aus 2003.

[17] Merkel. 29.

[18] Interview mit Brigitte Huber und Andreas Lebert. In: B*rigitte* 18/2005 vom 17. 8. 2005.
[19] Gerd Langguth, *Angela Merkel. Aufstieg zur Macht.* München 2005. 39.
[20] Merkel. 47.
[21] Langguth Interview. 330.
[22] Zetiert nach: Sonntagsblatt-Evangelische Wochenzeitung für Bayern. Nr. 36 aus 2003.
[23] 2008년 11월 22일, 메르켈과 저자와의 대화
[24] Langguth. 57-58을 참조하라.
[25] Merkel. 62.
[26] Merkel. 63.
[27] 메르켈과 저자와의 대화
[28] Merkel. 70-71을 참조하라.
[29] Evelyn Roll, 95.
[30] Langguth Interview. 338-339을 참조하라.
[31] Merkel. 72.
[32] Langguth. 127을 참조하라.
[33] Merkel. 78.
[34] Merkel. 30.
[35] Angela Merkel, u.a. (Hg.): In unruhiger Zeit. Reden und Aufsätze aus drei Jahren deutscher Einheit.
[36] Ebd. 109.
[37] Angela Merkel: Evangelische Verantwortung gestern und heute-zum Gedanken an Hermann Ehlers. In: Thomas Rachel(Hg.): Hermann Ehlers. Evangelische Verantwortung gestern und heute: Berlin 2005. 21.

[38] Koelbl. 51.
[39] Angela Merkel (Über Markus 5,21-43, Bibelarbeit, In: *Deutscher Evangelischer Kirchentag Frankfurt am Main 2001*. Dokumente. 213-22을 참조하라). Gütersloh 2001.
[40] Merkel. 14.
[41] Koelbl. 49.
[42] Ebd.
[43] Angela Merkel: Evangelische Verantwortung gestern und heute-zum Gedenken an Hermann Ehlers. In: Thomas Rachel(Hg.): Hermann Ehlers. Evangelische Verantwortung gestern und heute: Berlin 2005.28.
[44] Merkel. 30.
[45] 독일을 바꾼 기다림의 리더십, 배인섭 옮김, 아름미디어 2008.
[46] Hajo Schumacher, *Die zwölf Gesetze der Macht. Angela Merkels Erfolgsgeheimnisse*. München 2006. 95.
[47] Merkel. 224.
[48] Ebd.
[49] Langguth, 412.
[50] 2008년 7월 9일자.프랑크푸어터 알게마인 차이퉁(Frankfurter Allgemeine Zeitung)
[51] 바이에른 주 일요일판 개신교회 신문(Sonntagsblatt-Evangelische Wochenzeitung für Bayern).
[52] Merkel. 227.
[53] Angela Merkel: In unruhiger Zeit. Reden und Aufsätze aus drei Jahren deutscher Einheit. Berlin 1994. 111.
[54] Merkel. 31.
[55] Merkel. 29.

[56] Merkel. 29.
[57] Merkel. 29.
[58] Herder Korrespondenz. 9/2008. 447-451을 참조하라.

참고문헌

Boysen, Jacqueline. *Angela Merkel*. Eine Karriere. Berlin 2005.
Ernst-Bertram, Bettina und Planer-Friedrich, Jens. *Pfarrerskinder in der DDR. Außenseiter zwischen Benachteiligung und Privilegierung. Hg.* v. Bürgerbüro e. V. Berlin 2008.
Koelbl, Herlinde. *Spuren der Macht. Die Verwandlung des Menschen durch die Macht*. Eine Langzeitstudie. Münschen 1999.
Langguth, Gerd. *Angela Merkel. Aufstieg zur Macht*. München 2007.
Leinemann. Jürgen. *Höhenrausch. Die wirklichkeitsleere Welt der Politiker*. München 2004.
Merkel, Angela. *Mein Weg. Angela Merkel im Gespräch mit Hugo Müller Vogg*. Hamburg 2004.
Neubert, Ehrhart. *Unsere Revolution. Die Geschichte der Jahre* 1989/90. München 2008.
Roll, Evelyn. *Die Erste. Angela Merkels Weg zur macht*. Reinbeck 2005.
Schumacher, Hajo. *Die zwölf Gesetzte der Macht. Angela Merkels Erfolgsgeheimnisse*. München 2006.
Stock, Wolfgang. *Angela Merkel. Eine politische Biografie*. München 2000.

메르켈 연보

1954년 7월 17일
앙겔라 도로테아 카스너(Angela Dorothea Kasner, 메르켈의 유년시절 이름)는 함부르크에서 신학을 공부하고 있던 홀스트 카스너(Horst Kasner)와 그의 부인이었던 영어, 라틴어 교사 헤어 린트 카스너(Herlind Kasner) 사이에서 출생.

1957년
템플린(Templin)으로 이사. 아버지 카스너는 템플린 지역 목회자 교육 아카데미의 원장으로 취임. 동베를린 근처 우커마르크(Uckermark) 지역 도시 템플린 외곽에 있는 발트호프 농장 소재 목사 사택에서 거주.

1961년
괴테 종합기술학교(Goetheschule)에 입학.

1970년
템플린 소재 성 마리아-막달레나(St.-Maria-Magdalenen) 교회에서 견진교육을 받음.

1973년
괴테종합기술학교를 졸업하고 진학한 상급 실업고등학교에서 아비투어(Abitur, 대학입학 시험)에 응시하여, 최고점수를 받음. 라이프치히 대학

(구 칼 맑스 대학)에서 물리학 공부를 시작.

1974년
울리히 메르켈(Ulrich Merkel)과 첫 번째 결혼, 템플린 소재 교회에서 결혼예식 거행.

1978년
라이프치히 대학 물리학 석사과정 졸업. 베를린 아들러스(Berlin-Adlershof) 호프 소재 물리화학 중앙연구소 연구원. 물리학 박사과정 시작.

1982년
이혼. 자녀 없음.

1986년
물리학 박사학위 취득.

1989년
11월 베를린 장벽 붕괴 후, 12월 "민주개벽"(Demokratischer Aufbruch) 민주화 운동단체에 가입. 언론 홍보담당관으로 활동.

1990년
3월 18일 동독 자유 총선거가 실시되어 로타 드미지에르 총리가 선출됨. 정부 대변인으로 활동.
10월 2일 기독민주당 입당
10월 2일 독일 통일과 동시에 독일 연방정부 홍보실 근무.
12월 2일 통일 독일 총선거 실시, 뤼겐(Rügen, 독일과 스칸디아비아반도의 접경해역인 Ostsee -동해-지역에 위치한 섬, 휴양지로 유명함) 지역구에 출마하여 당선됨.

메르켈 연보 167

1991년
1월 18일 헬무트 콜 총리 내각 여성청소년부장관으로 임명됨.

1992년
9월 기독민주당 개신교 노동자위원회 위원장으로 위촉.

1993년
6월 기독민주당 멕크렌부르크-포어포메른(Mecklenburg-Vorpommern, 독일과 스칸디아비아 반도의 접경해역인 Ostse-동해- 지역에 위치한 도시) 지역 지구당 위원장으로 선출.

1994년
10월 16일 총리 후보 경선 출마 선언.
11월 17일 환경부장관으로 임명됨.

1995년
3월 28일부터 4월 7일까지 환경부장관 자격으로 UN 기후대책회의를 베를린에서 주관.

1998년
9월 27일 사회민주당과 녹색당이 총선에서 승리함. 환경부장관직 사임.
11월 7일 기독민주당 사무총장으로 선출. 콜 의장의 후임으로 볼프강 쇼이블레(Wolfgang Schäuble)를 의장으로 선출.
12월 30일 오랫 동안 친구관계를 유지했던 베를린 홈볼트 대학 화학과 교수 요아킴 자우어(Joachim Sauer)와 결혼. 교회에서 결혼예식은 거행하지 않음.

1999년
일간지 프랑크푸르트 신문에 기고한 글을 통하여 비자금 스캔들에 연루된 헬무트 총리를 전 격적으로 비판, 정치적 독립을 선언.

2000년
4월 10일 에센에서 열린 의원총회에서 기독민주당 의장으로 선출.

2002년
총리 후보 경선 포기. 에드문트 스토이버(Edmund Stoiber)가 기독민주당 총리 후보로 선출.
9월 23일 사회민주당 총리 후보 슈뢰더(Schröder)가 박빙의 승부로 당선. 기독민주당-기독사회당 연합 원내총무로 임명됨.

2003년
3월 22일 미국의 이라크 공격. 사담 후세인 정권의 몰락.
5월 27일 교황 요한 바오로 2세를 예방하여 15분 동안 담소를 나눔(라칭어 추기경과도 면담).
기독민주당-기독사회당 연합은 라이프치히 의원총회에서 메르켈이 제안한 사회-경제-건강보험 개혁정책을 승인함.

2004년
5월 23일 홀스트 쾰러(Horst Köhler)가 연방 대통령으로 선출됨. 당내 반대 여론에도 불구하고 그를 지지함.

2005년
5월 30일 총리 후보 선출을 위한 최고위원회에서 자기 기독민주당 총리 후보로 지명.
11월 22일 연방의회는 메르켈을 최초 여성 총리로 선출.
메르켈은 대연정을 구상, 8명의 사회민주당 소속 의원들과 7명의 기독민주당-기독사회당 연합 소속 의원들이 내각을 구성하게 됨.

2006년

얼마 지나지 않아 언론의 화려한 조명을 받음. 헬무트 콜 총리의 업적을 계승한 탁월한 지도력을 가진 총리로 조명됨.

독일에서 개최된 월드컵 대회 관람. 월드컵에서 승리한 독일 축구팀 격려.

드레스덴에서 개최된 기독민주당 의원총회에서 부모 수당, 인간배아 줄기세포 연구, 실업 수당 삭감을 주내용으로 하는 하르츠(Hartz) IV 법안 논쟁이 촉발됨.

2007년

6개월 동안 유럽연합 의장직을 수행. 동시에 G8 경제선진국협의회 의장직 역임.

6월 6일부터 8일까지 독일 하일리겐담(Heiligendam, 독일과 스칸디아비아 반도의 접경해역인 Ostsee-동해- 지역에 위치한 도시)에서 G8 회담 개최.

6월 21일부터 22일까지 벨기에 브뤼셀에서 유럽연합 회의 개최. 메르켈의 주도 하에 유럽연합 헌장 제정.

9월 23일 티벳의 정신적 지도자 달라이 라마 초청.

2008년

4월 11일 연방 의회의 줄기세포 연구법령 개정안 인준.

10월 8일 세계금융위기의 도래. 모든 독일 국민의 은행 예치금 보증을 선언.

2009년 9월 27일

사회민주당 총리후보 프랑크-발터 스타인마이어(Frank-Walter Steinmeier)와의 대결. 총선 승리.

발행인의 글

효과적 독서를 위한 짧은 줄거리 요약

극심한 환경 재앙으로 모두가 굶주릴 때 치밀한 준비로 많은 민족을 구한 '먹여 살리는 자 요셉', 오늘 전 지구적 위기를 맞아 이 시대를 구할 요셉은 누구일까?

이 책을 읽으면서 필자는 자신도 모르는 사이에 험난했던 우리의 현대사가 머릿 속을 스쳐 지나감을 느꼈습니다. 동시에 독일의 소설가 토마스 만(Thomas Mann, 1875-1955)이 1926년부터 1943년까지 집필했던 《요셉과 그의 형제들》(*Joseph und seine Brüder* vol. I-IV)을 생각했습니다.

히틀러의 박해를 피해 미국으로 망명한 토마스 만은 1940년부터 1943년 당시 미국의 정치, 경제 위기를 슬기롭게 헤쳐 나가던 루스벨트 대통령(Franklin, D. Roosevelt, 1882-1945)의 당당한 모습을 보면서, 마지막 책(*Joseph der Ernährer*, 한국판은 5, 6권)을 구상했다는 사실을 얼마 전 한국을 방문한 독일 Landau대학 Lather Bluhm 교수를 통해 알게 되었습니다.

2009년 3월, 독일 총리에 대한 새로운 전기가 출판되었다는 소식을 듣고, 번역을 의뢰했습니다. 메르켈 총리에 대한 책들은 이미 국내에 번역, 출판되어 있습니다. 하지만 이번에 읽은 책은 지금까지 출판된 책들처럼 메르켈의 탁월한 정치적 처세술에 근거한 여성 정치인의 성공 스토리로 기술한 것이 아니었습니다. 오히려 기독교 신앙에 입각한 정치인으로서의 삶의 역정을 감동적으로 그려내고 있을뿐만 아니라 불원간 들이닥칠 재앙의 징조를 보고 차근차근 준비하던 총리 요셉과 많은 부분이 오버랩되었습니다.

메르켈은 동독 베를린 지역 출신으로 배경을 보면, 독일과 유럽 연합의 지도자가 될 수 없는 인물입니다. 서독의 변방 동독지역에서 성장했으며, 여성으로 이혼녀였고 개신교인으로 4중의 장애를 가지고 있었습니다. 그럼에도 독일이 통일된 후, 가톨릭이 중심인 기독민주당 의장(2000년 4월 10일)이 되고, 이후 총리(2005년 11월 22일)가 되었습니다. 독일 통일 이후 15년 만에 이룬 메르켈의 입지전적인 정치 역정은 "강대국 이집트의 총리가 된 약소국 이스라엘 백성 요셉"이라고도 비유할 수 있겠습니다. 다음과 같이 비약적인 상상을 한 번 시도해 보겠습니다.

> 1950년 한국전쟁이 발발하기 전까지 소위 제2의 예루살렘이라고 불리웠던 평양지역 한 목사의 딸이 열심히 노력한 끝에 북한의 유명한 과학자가 되었다. 그녀는 목회자 아버지의 신앙 유산을 물려받아 북한의 사회체제 속에서도 포기하지 않고 모질게 기독교 신앙을 지켰다. 이후 기적적으로 남, 북한이 통일되면서, 정치계에 입문하여 대표적인 보수정당 의장이 되고, 통일 한국의 최초 여성 대통령으로 선출되었다.

남한 정치인들은 통일 이후 북한 동포들이 남한 사람들과 화합하지 못하고, 남한 사람들 또한 그들을 따뜻하게 수용하지 못하고 있다고 판단했다. 따라서 상대적 박탈감에 시달리는 북한 동포들을 위해 남북 갈등 해소의 정치적 해법을 모색하려고 계획적으로 그를 정치적 부담이 적은 부서의 장관으로 임명했다. 그러나 예상과는 달리 주변부 정치인으로서의 태생적 한계를 극복하고 권력의 정상에 오른다."

이 책은 대표적 보수정당인 '기독민주당 의장과 이후 통일 독일 총리가 되기까지의 신앙과 삶의 궤적을 우리에게 생생하게 전달해 주고 있으며, 총리가 된 이후에도 메르켈의 모든 정치적 결정은 진지한 성경공부와 기도를 통하여 이루어졌음을 증언하고 있습니다. 다시 말하면, 독일 국민과 기독교인들에게 매우 민감한 정치적 사안인 낙태, 인간배아 줄기세포 연구, 신자유주의 경제정책, 미국의 이라크 공격에 관한 현실적인 입장 표명, 기후보존 정책을 포함한 모든 메르켈의 정치적 구상은 개인적인 신앙고백으로부터 기원한 것입니다.

뿐만 아니라 제2차 세계대전을 일으키며 유대인을 학살했던 과거 전쟁 범죄에 대한 철저한 반성, 극우 정치 세력에 대한 경계, 직장 여성을 위한 개혁적인 가족복지 정책 그리고 독일로 이주한 수많은 이슬람 교인에 대한 관용적인 이민자 성책의 시도 또한 개인적 신앙고백의 정치적 표출이라고 볼 수 있습니다.

메르켈이 기독민주당에서 정치 활동을 전개한 이후, 현재 독일에서는 중도 진보정당인 사회민주당(SPD)과 보수정당인 기독민주당(CDU)과의 중요한 정책적 차이점이 상당 부분 소멸되었으며, 메르켈의 신중하면서도 정확한 판단력과 신속한 추진력이 세계경제 위기 속에서 독일경제를 성장시켰다고 평가하고 있습니다. 왜냐하면 메르켈은 제2차 세계대전 이후부터 추진된 전통적인 독일 정부의 사회적 시장경제 정책을 계승하면서도, 신자유주의의 패러다임을 탄력적으로 적용하여, 최근의 경제적 위기를 모범적으로 극복했기 때문입니다.

또한 이 책을 읽으면서, 젊을 때 하나님의 소명으로 헌신을 다짐했지만, 목회 현장과 이상 사이에서 많은 갈등을 느끼며 동시에 자녀들의 문제로 힘겨워 하는 동료들의 모습들이 눈 앞에 아른거렸습니다.

베를린 장벽이 설치되기 이전 동독에서 약 270만 명이 서독으로 자유를 찾아 피난했습니다. 이 때 메르켈의 아버지 카스너 목사는 서독에서 안정된 목회를 할 수 있었음에도, 목회자가 부족하다는 소식을 듣고 선교 사명감으로 삶의 근거지를 동독 교회로 옮겼습니다.

그리고 동독 사회주의 체제에서 바보짓을 한다는 비난과 냉대를 받으며 엄혹한 환경에서 성장하는 자녀들을 보며 얼마나 큰 고통을 겪었겠습니까? 하지만, 카스너는 동독으로의 선교 이주를 하였고, 그곳에서 최선을 다해 자녀들을 키우면서 45년간 목회사역을 하였습니다.

그후 카스너의 딸은 당당하게 통일 독일사회의 자랑스러운 총리가 되었습니다. 이 사실 하나만으로도 저는 카스너와 메르켈의 신앙과 삶의 역정이 하나님의 말씀을 전하며 살아가는 오늘의 목회자들에게 희망의 메시지가 될 것이라고 확신합니다.

메르켈 총리를 통해 재앙에서 사람들을 살린 요셉을 보면서 우리에게 참 된 지도자들이 준비되기를 간절히 바라게 됩니다.

이 책이 우리에게 전달하려는 핵심적 메시지를 다음과 같이 세 가지로 요약할 수 있습니다.

1. 기독교적 정치 이념을 모토로 탄생한 기독민주당은 세속화된 사회에 적합한 "기독교 정치"의 개념을 창조적으로 재규정하고 이

를 실천하면서 갱신되어야 한다.
2. 동독 사회주의 체제에서 목회자로 사역하였던 아버지의 분명한 신앙교육과 이 시기에 형성된 하나님 말씀과 구원자 예수 그리스도를 향한 살아 있는 신앙고백이 메르켈을 통일 독일 여성 총리로 만들었다.
3. 루터의 종교개혁 유산을 직접적으로 상속받은 독일 개신교회의 신학적 전통과 자신의 신앙고백에 근거하여 메르켈은 섬김의 정치를 추구한다.

- 지은이

폴커 레징 Volker Resing
1970년 독일 뮌스터(Münster) 출생, 뮌스터 대학에서 독문학 및 역사학 연구, 현재는 베를린(Berlin)에 거주하고 있으며, 독일 가톨릭 교회 프레스센터(Katholische Nachrichten Agentur) 편집주간으로 일하고 있다.

- 역자

조용석
연세대학교 신학과(Th.B)
연세대학교 본대학원 신학과(Th.M)
장로회신학대학교 신학대학원(M. Div)
Kirchliche Hochschule Wuppertal
Ruhr-Universität Bochum 개신교 신학부 박사과정

저서 및 역서
20세기 유럽개혁신학의 유산(한들출판사 2008)
요한네스 칼빈과 교회일치, 미하엘 바인리히(Michael Weinrich) 지음, 조용석 옮김 (한들출판사 2009)